16	3	2	13
5	10	11	8
9	6	7	12
4	15	14	1

Michèle Petit

SOMOS ANIMAIS POÉTICOS

A arte, os livros e a beleza em tempos de crise

Tradução
Raquel Camargo

editora 34

EDITORA 34

Editora 34 Ltda.
Rua Hungria, 592 Jardim Europa CEP 01455-000
São Paulo - SP Brasil Tel/Fax (11) 3811-6777 www.editora34.com.br

Copyright © Editora 34 Ltda. (edição brasileira), 2024
Nous sommes des animaux poétiques © Michèle Petit, 2023

A FOTOCÓPIA DE QUALQUER FOLHA DESTE LIVRO É ILEGAL E CONFIGURA UMA
APROPRIAÇÃO INDEVIDA DOS DIREITOS INTELECTUAIS E PATRIMONIAIS DO AUTOR.

Imagem da capa:
A partir de xilogravura de Flávio Castellan, 2007

Capa, projeto gráfico e editoração eletrônica:
Franciosi & Malta Produção Gráfica

Revisão:
Alberto Martins, Beatriz de Freitas Moreira

1ª Edição - 2024

CIP - Brasil. Catalogação-na-Fonte
(Sindicato Nacional dos Editores de Livros, RJ, Brasil)

Petit, Michèle
P228s   Somos animais poéticos: a arte, os livros
e a beleza em tempos de crise / Michèle Petit;
tradução de Raquel Camargo. — São Paulo:
Editora 34, 2024 (1ª Edição).
192 p.

Tradução de: Nous sommes des animaux poétiques:
l'art, les livres et la beauté par temps de crise

ISBN 978-65-5525-194-4

1. Leitura e cultura. 2. Educação -
Acesso à leitura. I. Camargo, Raquel. II. Título.

CDD - 028.9

SOMOS ANIMAIS POÉTICOS
A arte, os livros e a beleza
em tempos de crise

Prólogo: O inútil essencial... 7

1. O inferno, a arte, os livros, a beleza 15
   A técnica da Fênix 16
   Um antídoto ao horror 19
   Um enigma escandaloso... 24
   O direito à beleza 30
   "Ensinar como acolher a beleza"........................... 33
   Adendo: As palavras mais certeiras......................... 40

2. As palavras habitáveis (e as que não o são) 45
   Abrir um mundo invisível
      para tornar o mundo real habitável...................... 47
   "Quando ela falava, era como uma canção" 50
   Uma relação com o mundo dotada de musicalidade 55
   "Eles roubaram minha língua" 58
   Uma língua próxima ao cantado
      pode ser redescoberta.................................... 66
   Acolher a palavra dos migrantes............................ 70
   Que língua nós falamos?..................................... 76

3. As paisagens de que somos feitos 79
   Compor uma paisagem imaginária
      para se buscar dentro dela............................... 80
   Um refúgio aberto para o longínquo........................ 83
   "A alma é uma insaciável predadora de paisagens" 87
   Estar em harmonia com o mundo............................ 91
   Uma restauração da paisagem 97

Interlúdio: Ver imagens na leitura?........................... 103

4. "Somos feitos da mesma matéria que os sonhos"... 111

A loucura destrutiva a pleno vapor 112

Vias reais para encontrar nossos sonhos 120

Despertar as belas adormecidas que estão em nós 125

Possíveis 128

A cultura, sonho diário da humanidade 130

5. A biblioteca como jardim 135

Duas bibliotecas de hoje 136

Todo mundo tem uma história para contar 141

Sermos coautores do que é proposto 145

Cruzar as práticas 149

A casa do pensamento 152

"É muito difícil e desnecessário
    separar o útil do agradável" 156

6. Ler (ou não ler) em tempos de pandemia 159

"É como se um estado de alerta
    tivesse captado a concentração" 162

Falta de tempo... ou tempo demais? 165

Nada mais se abria 170

Assistir séries, cantar, dançar, escrever 172

Para outros, uma fome de leitura 176

Partilhas discretas ou secretas 179

Epílogo: Os livros e as flores 185

Sobre os textos 189

Prólogo
O INÚTIL ESSENCIAL

"Para o ser humano, caçar um bisão nunca bastou:
ele precisa representá-lo."[1]

Juan Villoro

No momento de apresentar este livro, uma lembrança me vem à mente. Há alguns anos, eu estava visitando um museu em Bogotá com o escritor espanhol Gustavo Martín Garzo. "É perceptível", me diz Gustavo, "como os seres humanos nunca se limitaram a criar objetos que lhes fossem simplesmente úteis. Em todos os lugares, eles sentiram a necessidade de algo mais."

O utilitário nunca basta. Talvez sejamos, antes de tudo, animais poéticos, pois os humanos criam obras de arte há mais de quarenta mil anos, bem antes de inventar a moeda ou a agricultura. Muito cedo, em diferentes regiões do mundo, eles precisaram realizar ritos e forjar objetos para marcar os grandes tempos da existência, comunicar-se com outro mundo, domesticar a estranheza da vida e da morte, sentir-se ligado aos elementos e aos animais, celebrar gestos cotidianos: há milhares de anos as pessoas ornam os recipientes onde guardam a comida, decoram as paredes de suas casas, pintam ou escarificam o rosto ou o corpo. E contam histórias, mais ou menos complexas e frequentes, a depender dos contextos culturais. Sob múltiplas formas, desde tempos ime-

---

[1] "La desaparición de la realidad", *Reforma*, México, 10/2/2017.

Prólogo: O inútil essencial

moriais, os humanos se dedicam a todo tipo de jogo com a língua.

Tudo o que aprendi ao longo de trinta anos interessando-me pelos modos de ler (ou de não ler) de nossos contemporâneos, por seus usos da literatura e da arte, lembrou-me — se é que é necessário lembrar: nós nunca podemos ser reduzidos a uma linguagem fática, instrumental, que se limitaria à designação imediata das coisas e dos seres, que se limitaria aos estereótipos, aos discursos vagos, aos slogans, aos jargões técnicos... A esses usos que nos brutalizam, sem que sequer tenhamos consciência, que nos exilam, nos distanciam de nós mesmos, de nossos próximos, do mundo, de suas paisagens. E do pensamento.

Entretanto, um pouco por todo lugar, as línguas são hoje bastante maltratadas, como observa Olivier Rolin: "A língua, todas as línguas, são, por toda parte do mundo, atacadas, degradadas, niveladas, banalizadas; sua força expressiva é aplanada por influência da língua das mídias, que é ao mesmo tempo pobre e repetitiva, formada de lugares-comuns, e invasiva, onipresente. A língua das mídias e também a da política, que com frequência são a mesma. Um edredom enorme que abafa ou, em todo caso, que corre o risco de abafar toda expressão original".[2] A essa língua, ele opõe uma língua "vasta, complexa, nuançada, ao mesmo tempo popular e culta, capaz de expressar todos os aspectos do pensamento, dos sentimentos, das sensações. Uma língua capaz de fazer ver, tocar e sentir". Uma língua que permite conceder um pouco mais de atenção ao mundo e aos seus hóspedes. A língua da literatura, criada dia após dia por escritores, mas também por aquelas e aqueles que mantêm vivas as culturas orais ou

---

[2] Olivier Rolin, "À quoi servent les livres?", conferência realizada a convite da embaixada da França no Sudão, em 2011, disponível no site *Mediapart*: <http://blogs.mediapart.fr/blog/gwenael-glatre/120411/quoi--servent-les-livres-par-olivier-rolin>.

inventam novas literaturas da voz. Uma língua mais próxima do canto, que nos leva além do imediato e permite edificar "casas da fala",[3] para falar novamente com Gustavo Martín Garzo, sem as quais os lugares reais e materiais onde vivemos seriam sem dúvida inabitáveis.

Pois, parece-me, é isso que está em jogo. Se eu acreditar em todas aquelas e todos aqueles a quem escutei por anos a fio, o que se encontra na literatura e no contato com as obras, desde a mais tenra idade, é talvez uma possibilidade de entrar em harmonia, no sentido mais musical da palavra, com o que nos cerca, ao menos por um tempo. Quando digo "o que nos cerca", nós os veremos, isso vai além daqueles que nos são próximos ou mesmo da sociedade; refere-se ao mundo, ao céu com seus astros, ao oceano, à montanha, à floresta, à cidade, aos animais. Todorov já lembrava, o ser humano tem "tanta necessidade de se comunicar com o mundo quanto com os seres humanos".[4] E o que se encontra ao ler ou ouvir textos literários talvez seja uma sensação de habitar, de estar em casa. E o que se sente, às vezes, é uma certa harmonia com o mundo interior, consigo mesmo. Todas essas coisas merecem nossa atenção nesta época em que tantos jovens se sentem desajustados, dissonantes, estrangeiros ao mundo. E em que, ao encontrarem algum jogo na língua, ao enriquecerem os seus usos, ao trabalharem sua forma, eles descobrem possíveis, particularmente nos contextos críticos, como busquei mostrar em *A arte de ler* e *Ler o mundo*.[5]

---

[3] Ver *Una casa de palabras*, México/Barcelona, Océano/Travesía, 2013.

[4] *La Conquête de l'Amérique*, Paris, Points Seuil, 1982, p. 126 [ed. bras.: *A conquista da América*, São Paulo, WMF Martins Fontes, 2019].

[5] Respectivamente, *L'Art de lire ou comment résister à l'adversité*, Paris, Belin, 2008 [ed. bras.: *A arte de ler ou como resistir à adversidade*, São Paulo, Editora 34, 2009] e *Lire le monde: expériences de transmission culturelle aujourd'hui*, Paris, Belin, 2014 [ed. bras.: *Ler o mundo: expe-*

Nos meses seguintes à publicação de *A arte de ler*, a economia mundial entrou numa grave recessão e, desde então, sob múltiplas formas, as "crises" não cessaram; em razão de guerras e deslocamentos de populações, de atentados terroristas, terremotos, inundações ou incêndios de grande amplitude relacionados às mudanças climáticas. E, desde o início de 2020, a humanidade inteira vem enfrentando uma pandemia que põe em xeque o fundamento da vida em sociedade, aprofundando gravemente as desigualdades, exacerbando os discursos de ódios e alterando nossas capacidades de sonhar e pensar.

Quando eclodiram muitas dessas crises ou catástrofes, algumas pessoas me escreveram para dizer que estavam pondo em prática ateliês culturais ou clubes de leitura em parte inspirados em minhas pesquisas. Por exemplo, após o violento terremoto que atingiu o México em 2017 e, especialmente, sua capital, muitos projetos o mencionaram, a exemplo daqueles promovidos pela Secretaria de Cultura do México, que publicou o documento *Para ler em contextos adversos e outros espaços emergentes*.[6] Outras, em diferentes países, inspiraram-se no que eu havia escrito para desenvolver experiências literárias compartilhadas com refugiados, migrantes ou em contextos de pandemia.

Foi uma honra, evidentemente, e uma satisfação pensar que meu trabalho poderia ajudar em tempos difíceis. Mas foi também uma responsabilidade e, às vezes, motivo de preocupação: poderíamos estender a todas aquelas situações tão diferentes umas das outras o que eu havia observado e relatado em meus livros? Não haveria o risco de alimentar nesses profissionais e voluntários uma ilusão, de estimulá-los a em-

---

riências de transmissão cultural nos dias de hoje, São Paulo, Editora 34, 2019].

[6] *Para leer en contextos adversos y otros espacios emergentes*, México, Secretaria de Cultura/DGP, 2018.

barcar em experiências que se revelariam decepcionantes? Ou que os distanciariam de lutas mais urgentes? Continuei refletindo sobre como a literatura, oral e escrita, e a arte em todas as suas formas, poderiam contribuir hoje em contextos difíceis, muitas vezes dramáticos. Os textos que seguem foram inicialmente escritos, em versões diferentes das publicadas aqui, para apresentações em eventos que reuniam professores, bibliotecários, mediadores de leitura, mas também profissionais da primeira infância, assistentes sociais e, às vezes, juízes e advogados, pais e avós. Eles tratam da beleza que permite transfigurar o pior após tempos trágicos; da transmissão cultural, particularmente no exílio, que é o destino de tantas crianças, mulheres e homens atualmente; da forma como habitamos um lugar, como nos ocupamos do mundo, das paisagens interiores que nos constituem; dos sonhos dos quais somos feitos e que a literatura ajuda a reencontrar; das bibliotecas, essas casas do pensamento onde, de tempos em tempos, inventam-se novas maneiras de viver junto.

Nesses temas imensos, que competência eu tinha para intervir? Apenas a de ter escutado e recolhido vozes, como em meus livros anteriores: vozes de leitoras e leitores que, ao longo os anos, contaram-me suas experiências, os usos que faziam dos livros que liam ou das histórias que escutavam; vozes de mediadores culturais, que me deixavam a par de suas artes, seus modos de trabalho, particularmente em contextos em que a apropriação da cultura escrita não era evidente.

No final desta coletânea, trataremos das dificuldades de ler que muitas pessoas experimentaram no início da pandemia da covid-19 e dos compartilhamentos secretos ou discretos em torno dos livros que alguns, apesar de tudo, conseguiram inventar. Nesses tempos estranhos, fomos forçados a nos ater às nossas supostas "necessidades essenciais", reduzidos a seres biológicos e a papéis econômicos. Quando começaram os primeiros confinamentos, em muitos países, o "essencial" foi limitado à alimentação, ao cuidado (numa

Prólogo: O inútil essencial

acepção estrita) e ao que era exigido para o exercício do trabalho. Os lugares culturais, as bibliotecas, as livrarias, as lojas de disco, assim como floristas e todo o resto, até parques e praias, foram fechados, interditados. Fossem ou não leitores, muitos sofreram com o desaparecimento do que Calaferte chamou de o "inútil essencial", referindo-se ao tempo dedicado aos seus poemas,[7] mas que, para além disso, remete ao fato de que somos seres de desejo, não apenas de necessidades.

"Nós sempre contamos histórias quando desejamos", diz Laurence Devillairs. "O que nos move não é a realidade, mas a ficção e os sonhos, a esperança e as ideias. Todo desejo é, nesse sentido, desejo do impossível, de uma vida mais intensa, mais dramática. Uma vida como lemos nos livros." Ela também diz que os livros "dão mais vida à vida, levam-na mais alto e mais longe do que o simples aqui e agora das necessidades. Fechar as bibliotecas é um erro político, interditá-las é uma falta de moral. Precisamos desse essencial mínimo para que a vida seja um pouco suportável".[8] Os livros dão mais vida à vida, como ela diz, uma vida mais intensa, e as livrarias e bibliotecas, esses celeiros de histórias, essas "caixinhas de surpresas", para falar como Daniel Goldin,[9] despertam desejo naquelas e naqueles que cruzam suas portas.

---

[7] "Nesse mundo perturbado onde, a cada dia, o noticiário nos transmite uma imagem dos riscos que dizem respeito a todos nós, sem exceção, felicidade a minha de ter me refugiado no que chamo de *o inútil essencial*". *Étapes. Carnets VII*, Paris, L'Arpenteur, 1997, p. 150.

[8] Laurence Devillairs, *Le reconfinement, le désir, l'essentiel... et les librairies*, Philomag, 30/10/2020; disponível em <https://www.philomag.com/articles/laurence-devillairs-le-reconfinement-le-desir-lessentiel-et-les-librairies>.

[9] Daniel Goldin e Muriel Amar, "La bibliothèque publique, un lieu de l'"écoute radicale"", in Christophe Evans (org.), *L'Expérience sensible des bibliothèques*, Éditions de la Bibliothèque publique d'information, 2020; disponível em <https://books.openedition.org/bibpompidou/2429>.

Béatrice Commengé observa que "por toda parte, mesmo nos lugares mais marcados pela passagem do tempo, pelas desconstruções e construções dos homens, ainda existem parcelas ínfimas de paisagem que resistem a tudo".[10] Ao longo de minhas pesquisas, aprendi que num mundo fortemente devastado por guerras, catástrofes, pela predação e pela vontade de tudo controlar, ainda existem mulheres e homens que resistem, não sei se a "tudo", não sei, mas que não medem esforços para que crianças, adolescentes e também adultos tenham a oportunidade de ser um pouco mais sujeitos da própria vida, um pouco mais desejantes. Como veremos nas páginas seguintes, eles privilegiam a literatura, a arte, e às vezes a ciência, quando ela tem algo de poético, para construir formas de viver junto mais habitáveis, mais amigáveis. Eles não sustentam discursos chatos sobre os benefícios da leitura. Ajudam aquelas e aqueles que acompanham a redescobrir possibilidades graças à abertura de uma outra dimensão, graças aos encontros com todo esse continente de desejos, sonhos, devaneios, que não é apenas um consolo, mas uma parte vital de cada um de nós.

Hoje, ainda mais do que ontem, é preciso prestar homenagem à sua arte.

Foi o que busquei fazer aqui.

---

[10] Béatrice Commengé, *Une vie de paysages*, Lagrasse, Verdier, 2016, p. 119.

Prólogo: O inútil essencial

1.
O INFERNO, A ARTE, OS LIVROS, A BELEZA

"O mundo é belo antes de ser verdadeiro. O mundo é admirado antes de ser verificado."[11]

Gaston Bachelard

"Leio para preencher minha vida, para completá-la e para compensar vazios que deixaram os sonhos não realizados, para viver outras vidas. Leio porque estou convencido de que talvez um livro não mude minha vida, mas pode preenchê-la com novos sonhos e beleza, e porque me faz ouvir os sons e as vozes do silêncio..."[12]

Cuauhtémoc López Guzmán

Depois de ter me proposto a falar sobre a beleza, perguntei-me que mosquito havia me picado para eu escolhesse um tema tão vasto, sobre o qual, desde tempos imemoriais, filósofos, artistas, cientistas já escreveram e refletiram tanto. Um enigma de complexidade infinita que eu nunca havia estudado. No máximo, refleti um pouco sobre os usos que meus contemporâneos fazem da literatura, às vezes da arte, particularmente quando estão expostos a adversidades. Ora, nem tudo que é belo é arte, e nem toda arte está em busca da beleza — a arte contemporânea está aí para nos lembrar disso. Não entrarei nesse mérito, assim como também não vou propor uma definição da beleza, sobre a qual ninguém nunca

---

[11] *L'Air et les songes*, Paris, Corti, 1943, p. 192.

[12] *Mi encuentro con la lectura*; agradeço a Rigoberto González Nicolás que me apresentou essa autobiografia.

chegou a um consenso. Falarei sobre dois ou três temas que me chamaram a atenção ao escutar crianças, adolescentes e adultos me contarem suas experiências culturais ou ao ler textos de artistas, escritores ou divulgadores de livros que transcreveram essas experiências com delicadeza.

Começarei falando sobre como muitas crianças, mas também adultos, transformaram o horror, a dor e as inquietudes em beleza e, nesse movimento, redescobriram "o reino da possibilidade".[13] Em seguida, abordarei a necessidade fundamental que os humanos têm de beleza para se sentirem em sintonia com o próprio entorno, e o direito de cada um de nós de ter acesso a ela. Finalmente, já que a escola é o lugar onde supostamente todas as crianças vão, proporei alguns tópicos sobre a beleza voltados para a sala de aula. Materiais diversos que meus leitores talvez aproveitem para algo totalmente diferente.

A técnica da Fênix

À guisa de introdução ao assunto, vamos lá..., desçamos aos infernos, numa das múltiplas formas que ele assume nesta Terra. Estamos em 1943, em Nantes, que está sob bombardeio dos Aliados. Nantes sofreu dezenas de ataques aéreos, que deixou milhares de mortos e feridos, destruiu uma parte do porto, do centro e de muitos bairros. Os moradores se protegiam como podiam e, entre eles, um jovem de doze anos se escondeu num abrigo antiaéreo. Seu nome era Jacques, Jacques Demy. Era filho de um mecânico e de uma cabeleireira que adorava cantar e escutar operetas. O pequeno Jacques, por sua vez, adorava o teatro de marionetes para onde

---

[13] Tomo essa expressão emprestada de Gustavo Martín Garzo em *Una casa de palabras, op. cit.*, p. 39; e de Yolanda Reyes em *El Reino de la posibilidad*, Bogotá, Lumen, 2021.

às vezes lhe levavam antes da guerra. Quando tinha quatro anos, seus pais lhe deram um de presente. E logo Jacques construiu um ainda maior, onde encenava contos de fada.

Em 1943, durante os ataques, ele estava nesse abrigo, aterrorizado. Muito tempo depois, ele conta: "Foi algo apavorante. [...] Tínhamos a impressão de que nada mais atroz poderia acontecer. E, a partir disso, sonhávamos com uma existência ideal. Fiquei impressionado com aquela catástrofe, e talvez os sonhos tenham começado ali".[14] Depois dos bombardeios, ele mergulhou pequenos filmes de Chaplin na água quente para dissolver a gelatina, e sobre a tira transparente, com tintas coloridas e uma lupa, desenhou, imagem por imagem, o bombardeio da Pont des Mauves, seu primeiro filme.[15] Mais tarde, ele dirigiria essas belas comédias musicais ambientadas em portos que quase todo mundo conhece, *Les Demoiselles de Rochefort* [*Duas garotas românticas*] ou *Les Parapluies de Cherbourg* [*Os guarda-chuvas do amor*], onde as pessoas dançam, a cor triunfa sobre a poeira e a música sobre o caos. Talvez Demy tenha lutado contra o terror de sua infância durante toda a vida. Como tantos outros artistas, ele se livrou de um drama ao conceber algo maravilhosamente vivo.

Essa aptidão para transformar o horror em beleza, muitos escritores testemunharam ao se lembrarem das crianças que haviam sido. Hélène Cixous, por exemplo. Aos doze anos, seu pai morre brutalmente. Ela conta: "Ele partiu de um dia para o outro, levando com ele o mundo. Senti como

---

[14] Jacques Demy e Agnès Varda, "À propos du bonheur", *Démons et merveilles du cinéma*, INA, 19/12/1964.

[15] O bombardeio da Pont de Mauves, sobre o rio Loire, ocorreu na noite de 18 de junho de 1944, doze dias após o desembarque dos Aliados na Normandia; seu intuito foi cortar as linhas de comunicação das tropas alemãs. O filme de Jacques Demy, reconstituído, pode ser visto em <https://www.youtube.com/watch?v=pkE3EQRSR94>. (N. da T.)

se no lugar do mundo houvesse um abismo. Tentei fazer uma jangada para sobreviver, e fiz uma jangada de papel. [...] Não reagimos à morte com morte, tentamos transformá-la em vida. É a técnica da Fênix. E as artes estão aí para isso, a música, a literatura".[16] Era também uma época em que o país onde ela vivia, a Argélia, estava em agonia; ela era aterrorizada pela crueldade que via ou sentia por toda parte. Ela volta-se para os livros em busca de refúgio, da liberdade e da beleza que já não existiam no mundo ao seu redor. Desde então, diz ela, ler e viver tornam-se sinônimos; ler e escrever também. Com mais de oitenta anos, Hélène Cixous aspira a uma revolução jovem e artística. Ela diz que devemos criar círculos luminosos.

Cito também Yannis Kiourtsakis, que se lembra do "sentimento profundo de equilíbrio e serenidade" que o invadiu uma noite, após um luto, quando ele tinha quinze anos, enquanto lia algumas cenas do *Guerra e paz*: "essa leitura me oferecia uma plenitude rara [...], agora eu sabia que existia ao menos a beleza: ao testemunhar esses livros e essa música que não cessavam de ressoar em mim, em meio à minha tristeza, essa serenidade inconcebível — e isso bastava para justificar a vida".[17] A beleza era "aparentemente capaz de resistir à morte", ele observa novamente. E até se pergunta "se Deus não era essa beleza, no final das contas".

Contudo, essa atitude não é exclusiva das pessoas que se tornam escritores ou grandes artistas. Essa maravilhosa aptidão de transfigurar o inferno é bem conhecida daquelas e daqueles que trabalham com crianças refugiadas que vivenciaram traumas seja na América Latina, seja no Oriente Médio, seja na Índia ou na Europa. Ao longo das sessões, eles

---

[16] Entrevista em *Télérama Dialogue*, 28/9/2017.

[17] Yannis Kiourtsakis, *Le Dicôlon*, Lagrasse, Verdier, 2011, pp. 333-4.

propõem que as crianças desenhem, e observam a tranquilidade e o orgulho delas quando conseguem suavizar a pior das realidades ao trabalharem e esculpirem a forma que lhes foi dada.

Pensemos também na exposição *Deflagrações: desenhos de crianças, guerras de adultos*,[18] que reúne desenhos em que crianças representaram cenas de guerra, da Primeira Guerra Mundial à Síria contemporânea, do Vietnã a Darfur. Cada desenho conta uma história terrível, vista pelo olhar da criança, geralmente de forma inacreditavelmente minuciosa. Muitos desenhos, porém, bastante inventivos, têm uma força enorme em seu traço e emanam uma beleza grandiosa. Como aquela que nos invade quando um choque estético nos permite ter consciência do horror e, ainda assim, permanecer de pé.

UM ANTÍDOTO AO HORROR

Darei um último exemplo, pois ele permite enxergar um pouco melhor alguns processos por meio dos quais a beleza, não apenas criada, mas também contemplada, permite escapar do inferno, em qualquer idade. Diz respeito a uma mulher, Catherine Meurisse, cuja história é conhecida por muitos. Ela era responsável pelas páginas de cultura do jornal *Charlie Hebdo*. Na manhã do dia 7 de janeiro de 2015, deprimida em razão de uma decepção amorosa, ela não consegue sair da cama. Finalmente, sai muito atrasada para o trabalho. Ao chegar em frente ao prédio, encontra o cartunista Luz, que havia perdido o trem. Ele lhe diz para não entrar de jeito nenhum, pois dois homens armados tinham acabado de entrar. Eles se escondem, escutam os tiros das Kalashnikov.

---

[18] Cf. Zérane S. Girardeau (org.), *Déflagrations: dessins d'enfants, guerres d'adultes*, Paris, Anamosa, 2017.

O inferno, a arte, os livros, a beleza

A continuação da história conhecemos bem: um massacre do qual mundo inteiro falará.

Alguns dias depois, Catherine Meurisse fica num estado de "dissociação", não sente mais nada, perde suas lembranças e também toda coerência. Parte dela está morta. Ela mistura as palavras, esquece o início das frases, o fio do pensamento. "O terrorismo não aniquila apenas as pessoas, destrói também a língua e a memória", ela dirá mais tarde.[19]

Ela está cercada de amigos, um psicanalista a escuta e a apoia, mas muito rapidamente ela sente que precisa de algo mais: a beleza. "Mais do que a arte, a beleza", ela diz. "Então me lancei numa busca pela beleza absoluta, esperando que fosse reparadora." A beleza das paisagens e das obras. Ela vai até a beira do oceano, com a impressão de vê-lo pela primeira vez. Algumas semanas depois, visita uma exposição. Nada lhe toca, ela não vê nada, não está mais aqui. Na última sala, porém, ela se depara com o *Grito*, de Munch: "É o grito que eu gostaria de ter dado depois do 7 de janeiro". Ela queria literalmente entrar na obra. Por não poder fazê-lo, irá representar a cena que viveu.

Ela se esforça para recomeçar a escrever, a desenhar, para reencontrar as emoções, as lembranças, a fala e o pensamento que a abandonaram. E observa: "Eu não conseguia desenhar em folhas separadas, como de costume, eu precisava que tudo fosse reunido, colado junto. Que nada mais se espalhasse, porque eu mesma estava em fragmentos, em desordem".

No entanto, Paris está muito marcada pelo horror, outros massacres ocorrem no 13 de novembro de 2015. É a cidade do sangue. Ela consegue alugar um quartinho na Villa Medici, em Roma. "Eu precisava de um repouso, de uma ci-

---

[19] As frases citadas foram retiradas de entrevistas publicadas em *Slate*, 11/5/2016; disponível em <http://www.slate.fr/story/117829/catherine-meurisse-legerete-BD>.

dade suave, aparentemente adormecida: Roma é chamada de 'cidade eterna', ela é o arquétipo da beleza. Eu precisava desse tipo de símbolo para me recompor."

Nos jardins da Villa Medici, um grupo de estátuas retém a sua atenção: elas representam as crianças de Níobe, mortas pelas flechas de Apolo e Ártemis. Por toda parte, corpos ao chão. Como aqueles de seus amigos que ela não viu, mas que não para de imaginar há meses. Ou dos jovens que acabaram de ser massacrados em Paris, no Bataclan e nos terraços dos cafés.[20]

"Ao ver aquela cena mitológica, fui transportada para a sala do Bataclan e para a redação do *Charlie* no dia 7 de janeiro — onde eu não estava. Por meio da simbolização, a arte permite uma mediação entre mim e a violência. Tive então a sensação de me aproximar da morte, dos corpos dos meus amigos, com delicadeza e sem medo. Esses corpos, sublimados pela escultura, não eram mórbidos, o mármore branco, cintilante, era de uma beleza de cortar o fôlego. Minha viagem a Roma, o contato com estátuas e vestígios antigos, sinal de imutabilidade, sinal da violência da História suspensa pelo tempo, me permitiu encontrar um pouco de eternidade."

Ela vaga nas ruas com o livro *Passeios por Roma*, de Stendhal, no bolso, ela que nunca separou as artes da literatura. Ela reaprende a dizer "eu". Seu pensamento começa a se reconstituir. Nos museus, ela observa também Marias Madalenas ou Santas Teresas em êxtase, em pleno gozo. Ela entende que um pouco de libido, de desejo, de vontade de viver está voltando a habitá-la.

---

[20] Em 13 de novembro de 2015, em Paris, atentados levados a cabo pelo Estado Islâmico causaram a morte de 130 pessoas e feriram outras 413. Ver página 40 a seguir e nota 57. (N. da T.)

A beleza lhe apareceu como uma "antítese ao caos", o "antídoto ideal para o horror", e sua busca tornou-se tema de um livro, *La Légèreté* [A leveza],[21] em que ela desenha todo esse processo de "reordenar as coisas", "reunir os fragmentos", "aprisionar o horror", "ressuscitar os mortos no tempo de um livro". Todo esse percurso durante o qual ela confiou na própria intuição: "Eu estava extremamente atenta, receptiva a tudo que podia me indicar que eu não estava morta. Esses sinais, eu encontrei nas palavras dos outros, na natureza, na cultura, em todo lugar onde podia procurar".

Anos depois, ao tempo da atualidade política, ela prefere aquele tempo, lento, da literatura. Ela volta a escutar Bach e Haendel após um longo silêncio. E ela desenha. Ela publica outro livro, *Les Grands espaces* [Os grandes espaços], que prolonga aquele outro que já mencionei. É um retorno à infância em que ela se representa rodeada por seus pais e sua irmã, mas também da casa que seus pais haviam reconstruído, da natureza, das paisagens. E vemos como a beleza já tinha sua representação nessa infância. Por exemplo, nas mudas de roseiras que sua mãe roubava dos jardins de grandes escritores para poder sentir o perfume que eles haviam respirado — podemos sonhar com uma iniciação ou uma transmissão mais bela...? Ou nas conchinhas fossilizadas, nos pregos enferrujados que a pequena Catherine descobria na terra e transformava em peças de um museu no sótão. Ou ainda na visita ao Louvre, onde as paisagens de Corot, Fragonard ou Poussin a fascinavam. O belo estava lá, por toda parte.

Pensemos também no livro de Philippe Lançon, *Le Lambeau* [O trapo], sobrevivente do mesmo atentado, que foi gravemente ferido. Ele diz ter saído do inferno graças à cirurgia de guerra, às mulheres, à música e à literatura. Ele se submeteu a dezessete cirurgias e, a cada vez que descia ao

---

[21] Catherine Meurisse, *La Légèreté*, Paris, Dargaud, 2016.

bloco cirúrgico, levava um CD para adormecer escutando: "A música de Bach, como a morfina, me acalmava. Ela fazia mais do que me acalmar: ela amortizava toda sensação de queixa, todo sentimento de injustiça, toda estranheza do corpo. Bach descia sobre o quarto, a cama e minha vida, sobre as enfermeiras e seus carrinhos. Ele envolveu todos nós".[22] Lançon leu muito, e com muito vagar, páginas de Kafka, de Proust, ou poemas, ou ainda *Noite de Reis* [*Twelfth Night, Or What You Will*], peça cuja encenação ele assistira na véspera do atentado. "Shakespeare é sempre um excelente guia quando se trata de avançar na neblina dúbia e sangrenta. Ele dá forma ao que não tem nenhum sentido e, ao fazê-lo, dá sentido ao que foi sofrido, vivido."[23]

Quando finalmente pôde voltar para casa, ele refez sua biblioteca: ela era o símbolo de sua reconstrução. "Ela tinha de ser bela, e foi." "A arte não repara nada, mas te escolta até no inferno",[24] ele diz. E acrescenta que a arte é a vida transfigurada, que impede a dissolução do ser.

Vemos como esses processos em marcha são complexos e imbricados, como testemunham aquelas e aqueles que o vivenciaram: a beleza traz doçura ao mesmo tempo que acalma, acolhe, traz de volta a capacidade de sonhar, mas também permite dar forma e sentido a acontecimentos insanos, pensar o impensável em vez de se tornar para sempre prisioneiro dele. Reunir os fragmentos, reordená-los num todo. Reaprender a dizer "eu". E mesmo se aproximar da morte sem muito medo, reencontrar a eternidade — parece que Lacan dizia que a beleza era a última barreira antes do horror.

---

[22] Philippe Lançon, *Le Lambeau*, Paris, Gallimard, 2018, p. 265. Ver também a entrevista publicada no jornal *Libération*, 11/4/2018.

[23] *Le Lambeau*, *op. cit.*, p. 20.

[24] Citado por Alexandre Demidoff, in *Le Temps*, 20/4/2018; disponível em <https://www.letemps.ch/culture/philippe-lancon-lecriture-vie>.

Arquitetura equilibrada, condensada, inesperada, ela é mais uma transfiguração do que uma reparação. Ela proporciona harmonia e inteligibilidade ali onde reinava o pior caos. Criar obras, mas também apropriar-se daquelas que outros conceberam, contemplá-las, escutá-las, lê-las, tudo isso permite reencontrar um pouco de paz, de sentido e de desejo. Ao longo desse caminho, é o reino da possibilidade que se restabelece.

Citei franceses, um grego, mencionei crianças de diferentes continentes. Agora quero recordar um chinês, que escreve: "É pouco dizer que o homem se relaciona com a beleza. No coração de suas condições trágicas, é da beleza que ele extrai sentido e prazer".[25]

UM ENIGMA ESCANDALOSO

Entretanto, não é apenas em condições trágicas que a beleza, criada ou contemplada, exerce um papel importante no equilíbrio de nossos afetos e de nossa relação com o mundo. Desde a mais tenra idade, as crianças têm necessidade de uma língua melodiosa, de canções, de histórias, de imagens dotadas de qualidades estéticas que lhes permitam experimentar um bem-estar, físico e psíquico, muito particular; de sentir uma harmonia, de estar em sintonia com seu entorno e seu mundo interior. Sensação momentânea, mas que se inscreve no corpo e no espírito, e deixa rastros.

Muito rapidamente, observa Gilbert Diatkine,[26] as crianças na primeiríssima infância tornam-se sensíveis ao belo. À melodia da voz, aos ritmos da música e dos gestos, mas tam-

---

[25] François Cheng, *Cinq méditations sur la beauté*, Paris, Albin Michel, 2006, p. 35.

[26] "Les mots de la mère et le sentiment de la beauté", *Rencontre ACCES*, 15/12/2016.

bém à beleza visual. E a primeira paisagem que os fascina é o rosto da mãe — ou do adulto que cuida deles. Para Melzer, o sentimento da beleza viria da emoção que um bebê sente ao ver esse rosto que o compreende. Ele se perguntaria então se o interior é tão belo quanto o exterior. O deslumbramento diante de obras de arte derivaria desse deslumbramento perplexo, e por vezes ansioso, que o bebê experimenta diante do rosto daquela — ou daquele — que se ocupa dele. Existiria na beleza uma possibilidade de reencontrar esse objeto perdido.

A ilustradora Jeanne Ashbé, que passou muito tempo observando crianças na primeira infância, nota também que "as crianças na primeiríssima infância percebem a estética do mundo com uma facilidade surpreendente".[27] Marie Bonnafé, por sua vez, sempre diz que desde o primeiro ano, os bebês são "amadores exigentes. Se a beleza e a melodia do texto e das imagens não estiverem presentes, eles não manifestam nenhum interesse".[28]

Eu não tenho tanta experiência quanto essas pessoas que aqui citei, mas com frequência vou a exposições de pintura em que pais jovens costumam levar seus bebês ou suas crianças. E é impressionante ver como eles são tão intensamente atraídos por certas obras. Me vem à mente uma anedota: eu estava visitando uma retrospectiva das pinturas de Cy Twombly. Deparei-me com uma garotinha que devia ter por volta de cinco anos acompanhada por seu pai, que caminhava com passos rápidos. E ela lhe disse: "Papai, pare um pouco para olhar!". Ao pararem os dois para contemplar uma tela, ela diz: "Mas o problema é que me dá vontade de fazer xixi, todas essas cores...".

---

[27] "Propos sur l'esthétique et les bébés: dialogue entre Jeanne Ashbé et Marie Bonnafé", *Nouveaux Cahiers d'ACCES*, fev. 2017, p. 14.

[28] *Idem.*

O inferno, a arte, os livros, a beleza

Daí vemos que a beleza tem a ver com o corpo, com o prazer. E se ela comporta esse potencial transformador de que falei longamente, assim como essa capacidade de nos colocar em sintonia com o nosso entorno, ela também tem a ver com a pura alegria de existir.

De resto, no mundo animal, as funções "úteis" não explicam tudo. Os pássaros não cantam apenas para atrair um parceiro ou estabelecer um território. Às vezes, talvez cantem para elaborar separações, como nós. Assim, muitos pássaros fazem duos e, se um deles vier a desaparecer, o outro acaba incorporando em seu canto o canto do parceiro perdido. Se ele reaparece, cada um retoma a parte que lhe cabe.[29] Mas os pássaros também cantam como cantamos no chuveiro.[30] Por puro prazer, para passar os dias. O próprio Darwin observou que, após a temporada de acasalamento, os pássaros continuam cantando para sua própria diversão.

No entanto, para muita gente, há algo quase escandaloso nisso. E essas pessoas, tudo o que fazem é reduzir você a um utilitarismo estrito. Lembro-me de uma professora que conheci na Bretanha, durante uma pesquisa sobre leitura em áreas rurais. Na sua infância, as pessoas iam dançar nas fazendas aos domingos, mas, ela observa, era "para uma coisa muito útil", "compactar a terra" quando preparávamos novos terrenos. "Nós sempre fomos pela utilidade", ela lembrou. Verdade, mas também poderíamos dizer que mesmo em universos muito coercivos, ao útil juntávamos o agradável, a harmonia da música e o prazer dos corpos que dançam.

François Cheng, num livro que reúne suas meditações sobre a beleza, sente a necessidade de começar desculpando-

---

[29] François-Bernard Mâche, "Mais où est donc le chef d'orchestre?", in *Le Grand Orchestre des Animaux*, Paris, Fondation Cartier pour l'Art Contemporain, 2016, p. 144.

[30] Loren Riters citado por Jennifer Ackerman in *Le Génie des oiseaux*, Paris, Marabout, 2017, p. 198.

-se: "nestes tempos de miséria onipresente, de catástrofes naturais ou ecológicas, falar de beleza pode parecer incoerente, inapropriado, até provocativo. Quase um escândalo".[31] No entanto, como vimos aqui, talvez precisamente em tempos de miséria e catástrofes a beleza se torne ainda mais necessária, e não apenas para os abastados, longe disso.

Há grupos sociais mais puritanos que outros, mais incomodados com o prazer estético e preocupados em limitá--lo. Mas, além disso, os poderes que a beleza teria de agir no corpo e no espírito são frequentemente temidos, e as advertências contra sua sedução são comuns: "Beleza não põe a mesa", dizia Lucie, que trabalhou no campo a vida inteira sem descanso. Na verdade, sim! Toda a arte culinária e de acompanhamento poético das refeições tem a ver com isso: as crianças pequenas comem com muito mais gosto se cantarmos para elas uma musiquinha ou se lhe contarmos uma história — e a colher de sopa se transforma num avião que desenha arcos antes de aterrissar na boca. Inversamente, se sentirem que estamos apenas tentando alimentá-las, elas vão fazer birra ou vão empurrar a colher para longe.

Na realidade, acontece com a beleza um pouco a mesma coisa que com o jogo. David Graeber, antropólogo, figura de destaque do movimento *Occupy Wall Street*, observava que todos os animais jogam, até as lagartas, as formigas ou os caranguejos, mas a existência do jogo no mundo animal era considerada como uma espécie de escândalo intelectual, e muito pouco estudada. Boa parte do tempo, nós nos obstinamos em considerar o mundo biológico sob o prisma econômico, supondo que tudo se resume a um cálculo racional de interesses. Em vez de enxergar o jogo como uma anomalia estranha, Graeber propunha vislumbrá-lo como um ponto de partida. Para ele, o princípio do jogo estaria presente não

_____

[31] François Cheng, *Cinq méditations sur la beauté*, op. cit., p. 13.

O inferno, a arte, os livros, a beleza

apenas em todas as criaturas vivas, mas estaria também na base da realidade física e material, até mesmo no nível das partículas subatômicas que poderiam ser capazes de certa liberdade, de ter experiências.[32]

Assim como no jogo, a beleza permanece um enigma. E poderíamos nos divertir considerando-a um ponto de partida, como Graeber faz com o jogo. No início era o jogo, o canto, a harmonia musical, a beleza! Novamente, penso em François Cheng, que escreve: "Um belo dia, por acaso, a matéria tornou-se bela. A menos que, desde o início, a matéria contivesse, potencialmente, a promessa da beleza, a capacidade da beleza...". O universo não precisava ser belo, ele insiste, "é um sinal para sabermos que há um sentido nessa criação. A beleza leva ao sentido. E a alma humana responde a essa beleza com a criação artística".[33]

Tudo isso permanece muito misterioso. "Infelizmente, sobre a beleza a psicanálise tem muito pouco a nos dizer", escrevia Freud.[34] As neurociências, e particularmente essa disciplina denominada neuroestética, prometem nos dizer mais sobre esses assuntos nos próximos anos mas, por enquanto, do pouco que li, sigo insatisfeita. "Por que não dizer que a atividade estética reside no fundamento da natureza humana?",[35] observa Jean-Pierre Changeux. Segundo ele, as interações estéticas, complementares à comunicação através da linguagem, seriam primordiais. E o deslumbramento estético teria sido retido na bagagem de nossa espécie porque

---

[32] "À quoi ça sert si on ne peut pas s'amuser?", *Revue du Mauss*, 2015/1, nº 45), pp. 44-57; disponível em <https://www.cairn.info/revue-du-mauss-2015-1-page-44.htm>.

[33] François Cheng, *Cinq méditations sur la beauté*, *op. cit.*

[34] *Malaise dans la civilisation*, Paris, PUF, 1971, p. 29. Ele escrevia também: "O lado utilitário da beleza não aparece claramente".

[35] Jean-Pierre Changeux, *La Beauté dans le cerveau*, Paris, Odile Jacob, 2016, p. 3.

ele nos mantém juntos, atraídos uns pelos outros.[36] O viver junto, inclusive, se torna possível graças a esse componente estético. De certa forma, é o que constatam aqueles e aquelas que organizam oficinas artísticas e com frequência observam que os participantes gradualmente vão se sentindo mais próximos uns dos outros, mais solidários, quando compartilham uma experiência estética — principalmente rapazes e garotas em grupos onde, no início, havia pouca interação entre meninos e meninas. De modo inverso, "quando encontramos a beleza, é extremamente triste estar só", como dizia Bartolomeu Campos de Queirós.[37] Quando nos deparamos com uma cena bonita na rua, apressamo-nos para filmá-la com nossos smartphones e corremos para compartilhá-la com os amigos ou nas redes sociais. Queremos comentar a cena, contá-la às pessoas.

Changeux diz que um componente estético-emocional também entra em jogo na criatividade científica.[38] O matemático Poincaré já dizia, há mais de um século, que "o cientista não estuda a natureza porque ela é útil; ele a estuda porque tem prazer nisso, e tem prazer porque ela é bela. Se a natureza não fosse bela, não valeria a pena conhecê-la, a própria vida não valeria a pena ser vivida".[39] Poincaré deixava claro que não estava se referindo à beleza que extasia nossos sentidos, mas àquela "que provém da ordem harmoniosa das partes".

Ative-me também ao que dizem três outros pesquisadores, Vessel, Starr e Rubin: a beleza, e apenas ela, permitiria

---

[36] Dahlia Zaidal citado por Nic Ulmi in "Pourquoi mon cerveau est--il si affamé de beauté?", *Le Temps*, Genebra, 13/7/2015.

[37] Bartolomeu Campos de Queirós, conferência no Simpósio do Livro Infantil e Juvenil, Colômbia-Brasil, Bogotá, 7-9/10/2007.

[38] *La Beauté dans le cerveau*, *op. cit.*, p. 21.

[39] Henri Poincaré, *Science et méthode*, Paris, Flammarion, 1908.

uma espécie de uníssono, um momento em que "nosso cérebro detecta uma certa 'harmonia' entre o mundo exterior e a representação interior que fazemos de nós mesmos",[40] uma e outra podendo interagir, se influenciar mutuamente, se remodelar. Voltamos sempre a esses momentos privilegiados em que podemos experimentar uma sensação de harmonia entre nós e o mundo.

O DIREITO À BELEZA

Tudo isso para dizer que a beleza é, em múltiplos aspectos, uma dimensão indispensável aos seres humanos (e talvez aos animais), uma necessidade universal, mesmo sabendo que reagimos a ela de formas muito distintas, em função da época, dos grupos culturais, das categorias sociais e das individualidades. Algumas pessoas são mais dançarinas que outras, mais contadoras de histórias, mais artistas, mas há sempre uma poética, o utilitário não basta. E uma vez que temos uma tal necessidade de beleza, temos todo direito a ela. "O direito à beleza deveria ser o resumo final de todos os outros direitos humanos", diz um poeta espanhol, Luis García Montero.[41] E Julieta Pinasco nos diz: "Uma experiência estética, qualquer que seja ela, deve estar ao alcance de todas as crianças".[42]

No entanto, vivemos numa época em que, um pouco em todos os lugares, esse direito à beleza é mal interpretado, e as instituições educativas e culturais são encarregadas de de-

---

[40] Edward Vessel, Gabrielle Starr e Nava Rubin, "Art reaches within: aesthetic experience, the self and the default mode network"; disponível em <https://www.ncbi.nlm.nih.gov/pmc/articles/PMC3874727/>.

[41] "Teoria del Sur", *El País*, 17/8/2008; disponível em <https://elpais.com/diario/2008/08/17/opinion/1218924012_850215.html>.

[42] "Leer: la mirada de los otros", *Aquatica*, 28/12/2014.

senvolver apenas os campos que possuem uma utilidade mensurável. "As artes e as humanidades estão sendo amputadas, no ensino fundamental, no ensino médio e universitário", observa Martha Nussbaum. "Aqueles que podem tomar decisões, os políticos, enxergam esses lugares como floreios inúteis num momento em que os países deveriam se livrar de todos os elementos inúteis para permanecerem competitivos no mercado global."[43]

Também vivemos hoje num mundo bastante degradado — é o que canta Dominique A:

"On voit des autoroutes, des hangars, des marchés
Des grandes enseignes rouges et des parkings bondés
On voit des paysages qui ne ressemblent à rien
Qui se ressemblent tous et qui n'ont pas de fin
Rendez-nous la lumière, rendez-nous la beauté
Le monde était si beau et nous l'avons gâché..."

"Vemos rodovias, hangares, mercados
Grandes placas vermelhas e estacionamentos lotados
Vemos paisagens que não se parecem com nada
Que são todas iguais e não têm fim
Devolvam-nos a luz, devolvam-nos a beleza
O mundo era tão bonito e nós o arruinamos..."[44]

Ao mesmo tempo, foi também a língua que se empobreceu. Como diz Zahia Rahmani, "Do mundo, subtraímos a canção"[45] (voltarei a isso mais tarde). Em nossas sociedades,

---

[43] Cf. Martha Nussbaum, *Les Émotions démocratiques*, Paris, Climats, 2011, p. 10.

[44] Cf. Dominique A, *Rendez-nous la lumière* (2012); disponível em <https://www.youtube.com/watch?v=K6oBgyM_WHo>. (N. da T.)

[45] *"Musulman" Roman*, Paris, Sabine Wespieser-Poche, 2015, p. 45.

O inferno, a arte, os livros, a beleza

a beleza é assunto de especialistas. Ou aparece como o privilégio de abastados e se reduz à arte da ostentação.

Entretanto, "se nem todos são artistas, toda alma possui um canto",[46] como diz François Cheng. E o prazer de criar o belo subsiste em muitos ofícios, mesmo os mais simples. Por exemplo, a forma como algumas camponesas expõem suas mercadorias nas feiras costuma ser bastante sedutora. Eu me lembro de uma mulher, em Girona, que expôs o pouco que tinha para vender, saquinhos cheios de pequenos escargots, dois maços de tomilho e violetas, numa bela composição. Li também, certa vez, uma longa entrevista com uma diarista que falava sobre o seu prazer em compor, pouco a pouco, um mundo mais bonito ali onde, antes de sua chegada, tudo estava caótico. Não há dúvida de que esses gestos, muitas vezes menosprezados, contribuem para criar, no cotidiano, um ambiente mais harmonioso, equilibrado.

Contudo, claro, nem tudo está no mesmo plano, o gesto da camponesa que expõe seus maços de tomilho e suas violetas e o de um ou uma artista que, após uma vida dedicada a criar, produz uma obra que comoverá muitos de nós. Mas uma vez que "cada alma possui um canto", que todas as pessoas têm sede de beleza, precisamos dar a elas oportunidades de aprimorar a atenção, os sentidos — pois é um certo tipo de atenção, aberta, não econômica, distante de uma lógica da eficiência, o que nos permitiria encontrar coisas belas, para falarmos com Jean-Marie Schaeffer.[47] É mais fácil se expressar mediante uma forma estética, assim como é mais fácil ter acesso a certas obras que dizem sobre o mais profundo da experiência humana, sobre o que há de mais surpreendente no mundo ao nosso redor, mediante uma forma trabalhada, condensada, equilibrada. E, assim, experi-

---

[46] *Cinq méditations sur la beauté*, op. cit.

[47] *L'Expérience esthétique*, Paris, Gallimard, 2015.

mentar a paz, a felicidade, o encantamento; e sentir dignidade, orgulho.

"Ensinar como acolher a beleza"

"A beleza é um direito e temos que pensá-la, colocá-la ao alcance de todos", diz Christiane Taubira, ex-ministra da Justiça. Uma mulher notoriamente inteligente, nascida na Guiana Francesa, que sofreu ataques racistas execráveis. Ela conta que só os poetas para fazê-la sair desse lugar, e que devemos responder ao racismo com uma alegria de viver inabalável. Ela diz ainda que há uma urgência em ensinar como acolher a beleza, pois "essa demanda de beleza está aí, latente ou impaciente, indolente ou diligente. Às vezes, ela vem na forma de um grito".[48]

"Ensinar como acolher a beleza", inclusive para que ela não se torne "demais", para que não desencadeie uma tristeza insondável, um choque ou um conflito, é toda uma arte que professores, bibliotecários, mediadores de leitura, contadores de história e artistas praticam dia após dia... Gostaria de mencionar duas experiências que tomam por enquadramento a escola, uma instituição onde a pressão para priorizar o "útil", os conhecimentos tidos como "fundamentais", é muito forte e, no entanto, alguns professores não abrem mão de promover um diálogo entre a emoção estética e o intelecto. Não abrem mão de "reconciliar a busca pelo belo e a busca pelo conhecimento, de reduzir a distância entre arte e informação", nas palavras de Paula Bombara.[49] Em *Ler o mun-*

---

[48] Christiane Taubira, *Murmures à la jeunesse*, Paris, Philippe Rey, 2016.

[49] "Cuando la curiosidad florece y nos amplía la mirada", *Linternas y Bosques*, 1/4/2019; disponível em <https://linternasybosques.com/2019/

do, mencionei a oficina artística sobre o mito de Orfeu, concebida por Marielle Anselmo, num curso destinado a integrar ao sistema escolar francês meninos e meninas entre dezesseis e dezoito anos que haviam chegado recentemente à França (com Orfeu, voltamos ao inferno e ao canto). Antes, alguns haviam cruzado mares e desertos e tiveram que enfrentar a violência ou a morte:

"... independentemente de a partida ter sido voluntária ou forçada, todos esses alunos possuem em comum um *dépaysement* — a perda de um país. De modo geral, eles perderam muito ao partir. A pergunta que me fiz diante deles como professora e com minha ferramenta, que é a literatura, foi: como trabalhar com a perda? Como transcendê-la para conseguir, simplesmente, trabalhar? Mas como não estabelecer com ela uma proximidade tamanha, ofuscante, que tornaria o próprio trabalho impossível? É nesse ponto que intervém a obra literária, pelo distanciamento que ela permite. Esses alunos, quando chegam, geralmente não sentem vontade de falar sobre sua história recente, principalmente se for dolorosa. Alguns nem querem ouvir falar sobre isso. Foi pensando nesses alunos em particular que me perguntei como deveria trabalhar.

Trabalhar com mitos gregos ou latinos é uma resposta possível. Os mitos são interessantes, pois em razão de seus traços arcaicos, permitem um confronto, um diálogo entre *ethos*. A distância do mito pode ser o lugar de uma 'inquietante estranheza' ou de uma 'inquietante familiaridade' produtiva — espelho em que nos vemos, em que nos reconhecemos sem nos reconhecer-

_____

04/01/cuando-la-curiosidad-florece-y-nos-amplia-la-mirada-o-que-es-esa-
-cosa-llamada-divulgacion-cientifica-por-paula-bombara/>.

mos. Trabalhar na pedagogia do projeto é a outra parte da resposta."[50]

Assim, Marielle Anselmo escolheu o mito de Orfeu, considerando que ele permitiria trabalhar a perda e a sublimação. Durante um ano, ela trabalhou com uma diretora de cinema, uma atriz e um coreógrafo, culminando num espetáculo encenado nacionalmente. Por meses, ela observou como o trabalho em torno do mito lhes dava autoconfiança, como eles se tornavam próximos, solidários e afetuosos. "Quando vi o espetáculo, o que me surpreendeu foi sua beleza, sua graça", ela comentou.

Algum tempo depois, Marielle Anselmo me contou que muitos de seus "Orfeus", como ela os chama, haviam passado no vestibular com menção honrosa. O que não a surpreendera, pois no âmbito escolar eles haviam "dado um salto". Ela me contou novamente sobre como fora arrebatada pela beleza do espetáculo. Eu também, o espetáculo me tocou muito quando o assisti. E me lembrei de uma mesa-redonda sobre educação artística. Na ocasião, uma pesquisadora dizia ter observado algo que ela relutava em mencionar, pois não era "muito científico": à medida que as oficinas que ela acompanhava avançavam, seus participantes se tornavam mais bonitos. Então seus colegas se sentiram à vontade para dizer que haviam observado a mesma coisa. O que pode a força de um texto, de uma obra, de um gesto estético quando nos apropriamos de fatos deles, quando nosso corpo é tocado e transformado. Outros observam que os adolescentes se "desdobram" corporalmente nessas oficinas.

Cabe lembrar de passagem que os alunos de Marielle, como ela mesma diz, "deram um salto". Tais experiências,

---

[50] Marielle Anselmo, "Enseigner la littérature en UPE2A: fonctions, enjeux et défis", in Michel Liu (org.), *Echantillons représentatifs et discours didactiques*, Paris, Éditions des Archives Contemporaines, 2022.

portanto, também produzem efeitos muitos úteis no campo estritamente escolar. É o que muitos professores observam e o que estudos confirmam, como o realizado pelo National Endowment for the Arts, nos EUA.[51] Alguns pesquisadores analisaram aprofundadamente a evolução de alunos durante vários anos na Inglaterra, na Austrália e nos Estados Unidos. Eles concluíram que, nesses países, os jovens de classes mais baixas são os que parecem tirar maior proveito da exposição às artes na infância e na adolescência. Se a taxa de desistência no ensino médio é de 22% entre alunos que não participaram de atividades culturais, ela é apenas de 4% entre aqueles que tiveram contato com as artes em idade escolar. Apenas 6% dos jovens provenientes de meios desfavorecidos conseguiam passar no vestibular, mas essa taxa subia para 18% entre aqueles que tiveram a oportunidade de participar de atividades culturais desde cedo. E a educação artística melhoraria não apenas os resultados escolares desses alunos, mas aumentaria suas chances de sucesso profissional. Ela os tornaria, inclusive, cidadãos mais engajados em atividades de voluntariado ou comunitárias, mais propensos à leitura diária de jornais e mais participativos nas eleições!

Seja como for, não devemos reduzir a educação artística a seus desdobramentos "úteis". Como uma professora costumava nos lembrar, "não podemos convidar crianças a tocar música para serem boas em matemática ou para se tornarem bons cidadãos".[52] De modo similar, como dizia a psicanalista argentina Silvia Bleichmar:

---

[51] Ver Isabelle Paré, "L'éducation aux arts est un facteur de réussite scolaire et sociale", *Le Devoir*, 18/10/2012; disponível em <https://www.ledevoir.com/culture/361675/l-education-aux-arts-est-un-facteur-de-reussite-scolaire-et-sociale>.

[52] Citado em *Rapport sur la politique des pouvoirs publics dans le*

"Não podemos dizer às crianças que elas devem ir à escola porque só assim vão ganhar a vida [...]. Temos que parar de dizer às crianças que o único sentido da vida é trabalhar e sobreviver: o sentido da vida é construir um país diferente onde elas possam redescobrir os seus sonhos. E a escola é um lugar de redescoberta de sonhos, não apenas um lugar de autopreservação."[53]

Gosto muito da ideia da escola como "lugar de redescoberta de sonhos". Assim como gosto da ideia de "poetizar a situação escolar" que Jessica Vilarroig inspira, outra professora de Letras que, após ter trabalhado em bairros de exilados, ensina no anexo de um liceu implantado num hospital psiquiátrico. Ali, ela observa que o vivenciamos em contextos críticos nos traz ensinamentos bem mais amplos.

Jessica Vilarroig tem uma ambição que acho muito bonita, a de reintroduzir o devaneio nas situações de aprendizagem. De fato, nos diz ela, não podemos senão "constatar uma erradicação gradual do devaneio na situação escolar", o que também é verdade em estabelecimentos ditos de excelência, onde os alunos seriam vistos como um exército que deve "funcionar com uma obediência cega" e precipitada. Jessica estava farta dessa "política tirânica do imediatismo", dessa ideologia da produtividade. Mediante textos literários, ela almejava "estimular a atividade poética e utópica (dos) alunos despertando neles novos desejos alimentados por referências de qualidade, verdadeiramente internalizadas". As-

---

domaine de l'éducation et de la formation artistiques, apresentado por Muriel Marland-Militello, Paris, Assemblée Nationale, 2005.

[53] Silvia Bleichmar, "Violencia social — violencia escolar: de la puesta de límites a la construcción de legalidades. Subjetividad en riesgo: herramientas para su rescate", *Noveduc*, 2012, p. 132.

sim, o conhecimento poderia reencontrar sua função de iniciação profunda à vida.

"O que o texto literário traz em sua potência estética", diz ela, "é uma súbita inteligibilidade e uma organização que a realidade não comporta, e é precisamente essa distância do real que torna a catarse eficaz, dando por vezes ao aluno uma sensação de resolução, sob forma de esclarecimento existencial."[54] Portanto, ela atribui a grande importância à gestão das emoções — como identificá-las, contê-las para transformá-las em "algo de transmissível e de estético" —, mas também à elaboração do pensamento, às atividades reflexivas. Ela busca "substituir o pensamento calculista", que mira apenas no benefício imediato da boa aparência e do desempenho, por um pensamento meditativo e secundário mais lento, porém mais autêntico.[55]

Para ela, o desafio é, portanto, o reencantamento da realidade escolar — e da realidade de modo geral — graças ao espaço do devaneio, lugar de elaboração de todos os possíveis. Também o é o enriquecimento das funções da linguagem, nesses tempos em que ela vem se tornando essencialmente "uma arma de defesa, de proteção, de sobrevivência ou de dominação" (como nos estúdios de televisão, onde sua única função é interromper e contestar o outro).

Como desdobramento desses cursos, Jessica dá inúmeros exemplos, como as sessões realizadas num bairro de exílio, onde os alunos trabalharam na escrita de um julgamento fictício de Antígona, antes de encená-lo:

> "Descobri a potência retórica de alguns alunos que
> até então tinham permanecido no fundo da sala, escon-

---

[54] Jessica Vilarroig, *Les Refus d'apprendre: l'élève, son professeur et la littérature*, Genebra, Éditions IES, 2017, p. 145.

[55] *Idem*, p. 150.

didos sob seus gorros, em posturas de indiferença ou de oposição ativa. A descoberta das potencialidades desses alunos reveladas na encenação, pela beleza das falas e também da presença [encontramos aqui o que Marielle Anselmo havia notado durante o trabalho com o mito de Orfeu], a descoberta da capacidade de se identifica-rem pelo desvio do jogo e de entenderem questões pro-fundas do mito deu um novo elã à jovem professora que eu era..."[56]

Há muitos aspectos que não mencionei, como o fato de o belo não ser exatamente o bom, ainda que muitas obras transmitam uma mensagem ética. Falamos muito em empa-tia, mas a beleza criada ou contemplada não basta para nos tornar sensíveis ao que os outros sentem, para nos tornar generosos. Geralmente, é necessário um acompanhamento, uma escuta, muitas conversas. Para que as palavras da lite-ratura, a linguagem da arte ou da ciência tornem o mundo um pouco mais amistoso e habitável, são necessárias outras palavras, as de um mediador que te acolhe e sonha o mundo com você. É aí também que o papel dos mediadores se faz tão importante. Não devemos confundir os campos estético, ético e político, mas precisamos reconhecer que a beleza cons-titui uma dimensão humana, não um luxo. E se ela não torna ninguém virtuoso, sua privação pode desencadear uma raiva destrutiva, uma inveja odiosa. Ou uma fragilidade diante do primeiro charlatão que aparece e que, com frases muito bo-nitas, lucrará com sua angústia.

---

[56] *Idem*, p. 111.

O inferno, a arte, os livros, a beleza

Adendo
AS PALAVRAS MAIS CERTEIRAS

No momento em que releio este capítulo, acontece em Paris o julgamento dos terroristas responsáveis pelos atentados do 13 de novembro de 2015, nos quais 130 pessoas foram mortas e 413 hospitalizadas com ferimentos muitas vezes graves. Jovens, em sua maioria, que assistiam a um show de rock numa sala de espetáculos, o Bataclan,[57] ou que estavam com amigos em terraços de cafés. A cada dia, os sobreviventes tentam entender o que viveram em relatos cujos trechos são publicados em jornais. O que me comove, ao lê-los, é que esses sobreviventes raramente se restringem a um relato puramente factual. Já na noite do atentado, comparações ou metáforas lhes passaram pela cabeça: durante as primeiras rajadas de Kalashnikov, o fosso de orquestra onde muitos jovens espectadores encontravam-se de pé "deitou-se como um campo de trigo", pensou Benjamin, "como um jogo de dominó", refletiu Carole.[58] O silêncio que se seguiu "era como numa catedral" para outro sobrevivente. E a explosão, quando um terrorista ativou seu cinto de explosivos, "era como neve" para Caroline, que também pensou: "Eles são os caçadores, nós somos as presas". Pierre-Sylvain, por sua vez, "caminha sobre um tapete de corpos". E Gaëlle se acorda na UTI "ligada a máquinas, como numa nave espacial".[59]

---

[57] Na data acima, três membros do Estado Islâmico abriram fogo durante um show de rock no Bataclan, tradicional casa de shows parisiense, matando noventa pessoas. (N. da T.)

[58] *Le Monde*, 16/10/2021, de onde retirei a maior parte das frases aqui citadas; disponível em <https://www.lemonde.fr/societe/article/2021/10/16/proces-des-attentats-du-13-novembre-au-bataclan-retour-d-entre-les-morts_6098615_3224.html>.

[59] France Inter, 7/10/2021.

Daquela noite em diante, referências culturais também surgiriam no espírito de muitos deles, provenientes de um jogo, uma canção, um filme, uma história em quadrinhos, um mito: Shaili pensa na letra de uma música de uma banda de rock: *Don't speak, don't move. Even whisper.* Já Clarisse se lembra de um filme: "me vem um flash: *GoldenEye*, James Bond. Começo a esmurrar o teto".[60] Ela se esconde no sótão, seguida de outros. Theresa vê a coluna da brigada policial chegando "como o exército dos romanos em *Asterix*, avançando a passos lentos". E quando os sobreviventes finalmente podem sair da sala, e os policiais lhes dizem para não olhar o massacre ao redor, Thibault "pensa em Eurídice e Orfeu. Saímos dos infernos, não podemos olhar. E olhamos mesmo assim".

Referências como essas também foram mobilizadas pelos parentes das vítimas quando tiveram que reconhecer os corpos daqueles que foram mortos, tal como esse pai que diz: "Hugo parece dormir. Pensei no 'O adormecido do vale': ele tinha dois buracos do lado direito".[61] Ao saber da morte do filho, Daniel pensa no título de Milan Kundera: *A vida está em outro lugar.*

Para tentar dar forma ao que viveram, aqueles que estavam no Bataclan, no Carillon, no Petit Cambodge ou na Belle Équipe naquela noite não puderam se limitar a dizer o real, o sangue sobre o qual escorregavam, os corpos desmantelados ou os rostos desfigurados, os gritos ou os gemidos dos feridos. Lacan dizia que o real era o impossível, o resto, o dejeto, o que está fora da língua e das imagens, o que não

---

[60] *Le Monde*, 7/10/2021.

[61] "Le Dormeur du val" é um poema de Rimbaud que evoca um jovem soldado morto, e que termina com esses versos: "Ele dorme sob o sol, a mão sobre o peito,/ Tranquilo. Ele tem dois buracos vermelhos do lado direito".

faz sentido. Clarisse, esperando pelas balas, teria pensado: "Como é quando estamos realmente mortos? Pode ser que eu já esteja? Inspeciono meu corpo, é irreal".

Não sei se para alguns dos sobreviventes a leitura de obras literárias foi salutar, como foi para Philippe Lançon após o atentado de *Charlie Hebdo*. Uns dizem que não conseguem mais ler. "Não consigo terminar um livro há seis anos", diz Marie. Mas nos dias seguintes ao atentado, ou muito tempo depois, muitos sentiram a necessidade de escrever um texto que seria lido no dia da audiência. Não foi simples: "Mesmo tendo passado seis anos tentando encontrar as palavras, não consigo me livrar da cortina de fumaça que as recobre. Quais são as palavras mais certeiras para descrever minhas lembranças?", observa David Fritz-Goeppinger no diário que o acompanha no dia do julgamento.[62]

"As palavras mais certeiras", é exatamente disso que se trata. Durante a arguição, uma das representantes do Ministério Público Nacional Antiterrorista mencionou a beleza desses relatos, a "beleza das palavras se comparadas à retórica simplista de um discurso neutro...".[63] Não sei se são belos esses relatos dos sobreviventes, mas as palavras que usam parecem as mais certeiras. Não é mais uma lista de mortos e feridos, indistinguíveis, são histórias narradas por vozes singulares, comoventes, condensadas, com frases muitas vezes curtas e fortes. À altura do que foi vivido? — apenas eles podem julgar. Com todas essas vozes singulares, é um relato coletivo, um "nós" que pouco a pouco se constrói, explica Pierre-Sylvain, ele próprio um sobrevivente:

---

[62] France Info, 6/10/2021; disponível em <https://www.francetvinfo.fr/faits-divers/terrorisme/attaques-du-13-novembre-a-paris/proces-des-attentats-du-13-novembre-2015/proces-du-13-novembre-le-journal-de-bord-d-un-ex-otage-du-bataclan-semaine4_4797075.html>.

[63] *Le Monde*, 9/6/2022.

"No início, eu não sabia o que esperar desse julgamento [...]. Os testemunhos me marcaram muito, todos eles. Eles me deram uma noção da dimensão desses atentados, muito além do que eu havia imaginado. Espero que a sociedade civil possa de fato compreender a quantidade de danos causados. Tudo isso toma forma por meio de um relato que se torna coletivo, num espaço sacralizado. Nele é permitido a todas as vítimas se expressarem, a fim de que nenhuma seja deixada de lado. A construção desse relato coletivo pode se tornar um patrimônio comum para avançarmos juntos, superar o acontecimento e garantir que esse fardo seja mais bem compartilhado. Esse espaço de fala é fundamental. É o que cria sentido. No início, muitas pessoas viam esse julgamento como uma conclusão, um fechamento. Eu o vejo como o início de uma caminhada."[64]

---

[64] *Le Monde*, 16/10/2022.

2.
AS PALAVRAS HABITÁVEIS
(E AS QUE NÃO O SÃO)

"O que tento encontrar é música."[65]

Maylis de Kerangal

Escrevo essas linhas numa ilha, no mar Egeu. Eu me expresso em grego durante o dia inteiro, em inglês à noite com amigos vindos um pouco de todo lugar. Sonho, penso e escrevo em francês, minha língua materna, e adormeço depois de ler algumas páginas de um livro em espanhol, língua que aprendi na adolescência, quando morava na Colômbia. Muito cedo, tive a oportunidade de viver entre muitas línguas, muitos países, e entendi que se apropriar de diversas culturas, quando não estavam em guerra entre si, podia trazer muita felicidade e liberdade, e expandir consideravelmente nossos espaços interiores. Entendi também que deixar um lugar onde você viveu é doloroso, mas podemos trazê-lo conosco e reencontrá-lo por caminhos inusitados.

Muito depois, nos anos 1990, no âmbito de uma pesquisa, realizei diversas entrevistas com jovens que frequentavam bibliotecas em bairros populares.[66] Muitos eram filhos do exílio, de homens e mulheres que haviam deixado o país onde nasceram com a esperança de viver melhor em outro

---

[65] Masterclass na Biblioteca Nacional da França, 6/6/2017.

[66] Michèle Petit, Chantal Balley e Raymonde Ladefroux, com a colaboração de Isabelle Rossignol, *De la bibliothèque au droit de cité*, Paris, BPI/Centre Georges Pompidou, 1997.

lugar. Esses jovens, por vezes, evocavam encontros, leituras, às vezes simplesmente algumas frases que lhes permitiram conciliar as culturas às quais eles pertenciam em vez de se sentirem rejeitados por todos os lados. Dar asas às suas vozes em publicações me rendeu muitos convites para falar sobre migrantes, refugiados, e pluripertencimento, ainda que eu me sentisse pouco competente para fazê-lo.

Hoje em dia, essa é uma questão crucial. Segundo o relatório *Tendências globais*, do Alto-Comissariado para Refugiados, o número de deslocamentos forçados dobrou em dez anos.[67] E, evidentemente, vai continuar aumentando, com a multiplicação dos conflitos armados, as mudanças climáticas, o empobrecimento de regiões inteiras depois da pandemia e a diminuição da população europeia economicamente ativa.[68] Sabemos que em muitos lugares a pandemia exacerbou os discursos de ódio, os ataques racistas e xenófobos. Aprender a conhecer o outro, a temê-lo menos, é mais do que nunca urgente. Assim como ver no multipertencimento uma oportunidade, não um problema.

Decidi então voltar a refletir sobre a transmissão cultural e seus desafios, reunindo lembranças de mulheres e homens que cresceram em outros lugares que não aqueles onde seus pais nasceram, e me interessei por oficinas de educação artística voltadas para exilados. Tudo isso confirmou o que eu sabia por experiência própria, isto é, que viver entre diversas línguas, diversas culturas, não é um problema. É o destino — ou a escolha — de uma quantidade enorme de crian-

---

[67] *ONU Info*, 18/6/2021; disponível em <https://news.un.org/fr/story/2021/06/1098432>.

[68] "Há uma falta de centenas de milhares de pessoas no domínio da saúde, de dezenas de milhares de engenheiros e, em 2020, a população europeia economicamente ativa terá diminuído 12%" (ver "O debate sobre a migração legal para a União Europeia reaberto por Bruxelas", *Le Monde*, 27/4/2022).

ças e adultos em múltiplas regiões do mundo, que passam com fluidez de uma língua à outra e fazem dançar juntas as culturas às quais pertencem. De resto, é preciso lembrar que uma cultura é sempre compósita, plural, e está sempre em movimento. O que traz graves consequências, por outro lado, é quando uma cultura é esmagada, desprezada, quando a única transmissão que existe é a dos silêncios em páginas sombrias da história, da humilhação, da vergonha, da raiva.

Mais lamentável ainda é quando crianças e adolescentes escutam apenas uma língua utilitária, quando as palavras se apagam e não lhes permitem, ou já não lhes permitem, vivenciar de tempos em tempos uma sintonia com o mundo ao redor. Isso não vale apenas para aquelas e aqueles cujos pais migraram, e que geralmente vivem nas periferias da cidade. Para todos nós, interessar-se pelo mundo, sentir-se parte dele, é muito uma questão de língua.

ABRIR UM MUNDO INVISÍVEL
PARA TORNAR O MUNDO REAL HABITÁVEL

À guisa de introdução ao assunto, tomarei emprestado um exemplo do escritor grego Yannis Kiourtsakis. Num romance bastante autobiográfico, ele evoca uma "cena primitiva de afeto materno" que, no entanto, coloca em cena seu pai (mostrando que, ali também, há espaço para flexibilidade): "Meu pai sentado numa cadeira, comigo no colo, me dando para comer a minha papa com uma colherzinha, e cantando a cada gole: '*Il boit le bey/ il boit l'agha/ il boit le fils du bey*' [Ele bebe o bê/ ele bebe o agá, ele bebe o filho do bê].[69] E me fazia dançar. Essa cantiga e esse rito me cativa-

---

[69] Há nessa canção infantil um jogo difícil de traduzir, na medida em que, enquanto parece fazer referência às letras do alfabeto ("bey", B e

ram tanto que muitas vezes eu me recusava a comer se fosse privado dela".[70]

Mais tarde, seu pai passaria muito tempo lhe contando sobre a ilha de Creta onde ele vivera, o velho bairro de Chania com suas ruelas estreitas, os vendedores ambulantes vestidos com calças largas, usando a voz para vender xarope de alfarroba "que serviam gelado mesmo em pleno verão, o vidro conservado num punhado de neve fresca" — e a criança se maravilhava "ao pensar naquela neve que nunca derretia, naqueles homens que subiam ao topo daquelas montanhas para pegar neve, depois caminhavam por horas a fio para chegar à pequena cidade". Mil detalhes, mil histórias que compõem uma paisagem que não se parecia em nada com a Atenas dos anos 1950 onde aquele garotinho estava crescendo, mas que "era tão real quanto o mundo que eu podia tocar..."; "era um mundo que completava e prolongava o meu e onde parecia que eu também tinha vivido".[71] Um outro mundo onde você podia atracar "usando um desses barcos fantásticos que os homens inventaram para realizar esta viagem impossível: as histórias, as imagens, os livros...".

Esse outro mundo, inapreensível, invisível, mas tão real quanto o mundo que podemos tocar e que o prolonga, foram as culturas orais muito mais do que as escritas que há muito tempo o moldaram. Como é o caso desse menino, com a cantiga e a dancinha que a acompanha, e a evocação de um mundo rico em cores do qual ele se apropriará a ponto de ter a sensação que sua infância começou no século XIX. Essas culturas orais incluem não apenas rimas, cantigas, provérbios,

---

"agha", H), ela também nomeia títulos hierárquicos do Império Otomano: "bey" designa um líder ou governador de uma região, e "agha", um chefe ou senhor. (N. da T.)

[70] *Op. cit.*, p. 92.

[71] *Idem*, pp. 97-9.

mitos ou lendas transmitidos de uma geração a outra, mas também anedotas e memórias contadas numa língua que difere um pouco do falar mais despojado das conversas do dia a dia, uma língua mais poética, rítmica e narrativa: "Todas essas histórias pareciam provir de um único grande conto — que eu ouvia sem nunca me cansar", diz o narrador.

Às vezes, são narrativas de sonhos que abrem as portas para outros lugares, para outro mundo, como se deu com Rachid Bouali, que se lembra de sua mãe: "entre nós, em casa, sentado à mesa, facilmente contávamos histórias. Não é um ofício, é uma higiene de vida! Por exemplo, de manhã, mamãe nos contava seus sonhos. Ela colocava seu lenço colorido, seus brincos grandes, víamos sua garganta toda tatuada, seu rosto enevoado pela fumaça de sua tigela de café, e ela dizia: 'Essa noite tive um sonho, inacreditável, você não pode imaginar'".[72]

Uma higiene de vida, como ele diz, ou uma arte de viver, graças à qual o cotidiano das crianças (e dos adultos) se expande, abre-se para outras paisagens meio fabulosas, dotadas de fantasia, beleza e sentido. Todo uma gama de palavras, lendas e histórias abrindo para um mundo paralelo que, no entanto, os ancorava no mundo real, tornando-o desejável, habitável. Pois desde a mais tenra idade, a linguagem metafórica e narrativa, essa parte essencial da transmissão cultural, parece estar intimamente ligada à possibilidade de encontrar um lugar. De sentir que estamos não apenas conectados àquelas e aqueles que estavam aqui antes de nós, mas intimamente ligados ao que está ao nosso redor, somos partes disso, estamos presentes nisso.

---

[72] *Revue des Livres pour Enfants*, edição especial 3, out. 2016.

"Quando ela falava, era como uma canção"

Outro exemplo nos é dado por Fatima Sissani cujos pais deixaram uma região da Argélia, a Cabília, para vir trabalhar na França há cerca de quarenta anos. Fatima Sissani fez um filme, *La Langue de Zahra* [A Língua de Zahra], quando ela e suas irmãs se deram conta do quanto a língua que sua mãe falava não era uma simples ferramenta de comunicação, ao contrário, ela tinha muitas outras dimensões. Seus pais, camponeses, eram "analfabetos de grande cultura" que falavam uma língua castiça, metafórica, poética e plena de mitologias. Sua mãe, Zahra, não quis aprender francês, pois sofrera muito com o exílio que lhe fora imposto pela pobreza e por seu marido, mas sempre dissera a seus filhos: "Minha mãe nos forjou por meio da língua cabila", conta Fatima. Essa língua era "uma biblioteca viva que acalentava nossa vida familiar". Ela lhes contara histórias, contos, provérbios, quando eram pequenos, e eles lembravam com alegria: "Quando ela falava, era como uma canção". E no filme, vemos Zahra dizer a um de seus netos que "Deus lhe deu a garganta de um cisne". Ou, quando está rezando, ela pede que aos seus filhos sejam dados "figos sem amargor"; ou que suas filhas sejam esperadas por seus maridos como se espera "a lua nova".

Fatima Sissani explica:

"O povo cabila existe, antes de tudo, pela palavra. Cada gesto, cada instante do seu cotidiano pode dar lugar a uma língua de versos, de metáforas, de provérbios... Não se diz que, nesses contrafortes montanhosos onde são eles os anfitriões, a disputa oratória é um exercício cotidiano? Uma realidade difícil de imaginar quando estamos imersos na sociedade da imigração, em que esses homens e mulheres, quase sempre analfabetos, são relegados exclusivamente ao exército de operários e trabalhadoras do lar... Por isso temos dificuldade de imaginar os oradores que eles se tornam quando retornam à sua língua. Essa realidade, eu a pressentia. Eu a percebi em toda a sua agudeza, pude mensurar sua dimensão ao filmar minha mãe, seu cotidiano e sua história.

Vi, fascinada, uma mulher com um apego inabalável à sua língua. Uma mulher desvelando uma oralidade transmitida de geração em geração. Uma língua carregando poesia e eloquência para dizer a infância bucólica, o exílio, a pobreza... Essa língua é a última bagagem que milhares de emigrantes do povo cabila levaram consigo..."[73]

"Em sua língua, eles são oradores e poetas. Na língua da imigração, são claudicantes e força de trabalho", diz ainda Fatima Sissani. Ela estava "cansada do olhar da sociedade francesa para a primeira geração de emigrantes. Farta de ver a que ponto essa sociedade ignorava a cultura que essas pessoas traziam consigo. Elas eram vistas como bárbaras e sem cultura".[74] No entanto, eram depositários de uma civilização milenar. Durante um verão, ela filmou sua mãe e seus amigos, e nós os vemos improvisando poemas coletivos, interpelando a montanha, a perdiz, o falcão, os ancestrais, enquanto cortam o feno. Esses poemas os reconectam com o universo ao seu redor, ao mundo natural e, por vezes, ao sobrenatural. As palavras compõem um mundo muito habitável. Uma mulher olha a paisagem e diz: "Essas montanhas são nossa vida, nossa alma". O filme também mostra como essa língua permite transformar preocupações e tristezas em beleza: "Assim, quando tenho um problema, encontro para ele um poema", diz uma moça. "É uma maneira de não se esquecer de

---

[73] Em <http://lalanguedezahra.blogspot.fr>. Aqui também se pode ver um trecho do filme: <https://vimeo.com/15251885>.

[74] Entrevista com Fatima Sissani, *berberes.com*, 9/5/2012.

As palavras habitáveis (e as que não o são)

tudo o que você atravessou. O poema se torna um apoio. Aqueles que os compõem são aqueles que sofrem. Quando eu os declamo, me sinto melhor. Terminar um poema me enche de alegria." Então o poema não apenas ameniza o sofrimento, mas nos "enche de alegria". Há nisso um poder de transfiguração.

A escritora Zahia Rahmani também se refere com frequência à força poética da narrativa que a tradição oral transporta, uma "narrativa geográfica, histórica e física do Magrebe". Exilada na França em sua infância, vivendo num campo onde eram reagrupados ex-oficiais de reserva do exército francês como seu pai, ela se lembra: "Na França, emergíamos de um vazio, de uma origem sem genealogia, e essa negação era o preço que tínhamos que pagar para sermos acolhidos".[75] Mas, com suas histórias, sua mãe havia transformado o país perdido da infância numa terra de luz. Ela não apenas contava aos filhos a epopeia familiar, mas evocava também todo o universo natural e fabuloso que era o seu. Em um texto reproduzido no catálogo *Made in Algeria*, publicado pelo Museu das Civilizações da Europa e do Mediterrâneo, de Marselha, Zahia Rahmani escreve:

> "Muito cedo, soube o que era um antílope, um leão, uma pantera, um falcão, uma perdiz, uma gazela, um avestruz e, pasmem, um elefante. Minha mãe perpetuava histórias sobre esses animais unicamente pela força da descrição e, na ausência de qualquer imagem, de qualquer livro. Relembrar a existência de toda essa fauna como se ela ainda estivesse lá, presente em sua infância, ao redor dela, assim como a história, sempre no presente, sobre a morte do último elefante do Norte da

---

[75] Zahia Rahmani, *France, récit d'une enfance*, Paris, Sabine Wespieser, 2006, p. 37.

África, que desaparecera dessas paragens há tantos séculos, ou as histórias fabulosas dessas florestas densas e majestosas nas quais as pessoas conversavam com as sombras, era manter viva a memória de uma Argélia que a conquista iria encobrir e destruir."[76]

Pois, uma vez ocupado, esse país foi "destruído em seus fundamentos". Os conquistadores nada quiseram saber a respeito da força dessa língua poética, dessa transmissão. No entanto, ela participara por muito tempo "da prática de resiliência". Assim, não é de se espantar que muitos argelinos relutem em "confiar seus descendentes a uma escola francesa que se recusa a aceitar a contribuição do plurilinguismo. Abandonar a própria língua é também perder a cultura. E o que resta quando o conto, o fabuloso, desaparecem? Quando o que resta é só o livro e você descobre que esse livro não vai contar a sua história?".

As mães de Fatima Sissani e de Zahia Rahmani se mantiveram distantes da palavra escrita, mas sempre continuaram falando numa linguagem poética com suas filhas. Mais tarde, elas também puderam se apropriar de livros que evocavam destinos muito diferentes dos seus, mas nos quais encontraram ecos de sua própria história. Para Zahia Rahmani, livros que falavam sobre os índios norte-americanos, que ela compartilhava com seu irmão, e essas leituras inspiravam todo um espaço imaginário que se concretizava num sótão e dava às crianças um lugar, no sentido próprio do termo:

"Sobre as paredes desse quarto no sótão estão inscritos com tinta preta os poucos desenhos que meu irmão traçou durante o que chamávamos, ele e eu, de nos-

---

[76] "Pays de réserve", in *Made in Algeria: généalogie d'un territoire*, Marselha, MUCEM, 2016, pp. 11-2.

sas leituras americanas. Ali vemos cavaleiros ianques ao lado de caubóis saindo a galope de um cânion, com seus sabres desembainhados, como se estivessem indo a uma batalha que nos atingiria diretamente. Deparam-se com índios, momentaneamente parados ao redor de uma fogueira, projetando suas sombras sobre a lona de suas tendas. Emana dessa parede uma atmosfera calma e serena que me fazia pensar que meu irmão se identificava com eles. [...] Meu pai nunca foi naquele lugar. Ele sempre nos criticava por passarmos muito tempo ali para escapar de sua presença. Para ele, não passava de um lugar vazio, ele ignorava por completo o trabalho em andamento."[77]

Seguindo os conselhos de um professor de inglês, seu irmão comprará os seus livros de autores norte-americanos. Mais tarde, ela se interessaria também por Tennessee Williams, Hemingway, Fitzgerald, Steinbeck, Melville e Faulkner, que lhe emprestarão suas vozes contando histórias de outros povos que também foram arrancados de seus lugares. "Eu busco o ser humano deslocado e suas esperanças", escreve ela. E reitera:

"A literatura americana me ensina, e não sem reviravoltas, sobre um povo. E sobre esse povo e a violência que o colocou no mundo, gostaria de aprender tudo. Se eu não tivesse encontrado esse destino trágico, o destino dessas crianças negras e de todas essas mulheres e esses homens arrancados de seus lugares, em luta contra si próprios, eu teria feito da minha vida uma constante desordem."

---

[77] *France, récit d'une enfance, op. cit.*, p. 60.

UMA RELAÇÃO COM O MUNDO
DOTADA DE MUSICALIDADE

Se o povo cabila sabia muito bem — e ainda sabe, boa parte dele — brincar com uma língua metafórica e narrativa, essa língua, claro, não era a sua própria. Sob múltiplas formas, era uma língua amplamente falada no cotidiano de muitos países: de Ruanda ao Líbano, do Afeganistão à Índia, da Argentina à Colômbia. Os adultos vasculhavam os baús de histórias que puderam constituir para apresentar o mundo às crianças de forma poética. Para interpor entre elas e o mundo um tecido de palavras, de lendas, histórias que o tornassem habitável. Para que pudessem conectar sua experiência singular a representações culturais, transformar os acontecimentos de sua vida em algo dotado de sentido e de uma beleza compartilhável. E, às vezes, faziam isso partindo de contribuições as mais variadas. Pensemos em Gabriel García Márquez ao se lembrar de uma venezuelana, "uma elegante matrona com o dom bíblico de contar histórias", que o apresentou "às grandes obras da literatura universal, que ela transformava em contos infantis: a *Odisseia*, *Orlando furioso*, *D. Quixote*, *O conde de Monte Cristo* e diversos episódios da Bíblia".[78] Quanto a seus pais, ambos excelentes contadores de história, eles lhe contavam a história de seus próprios amores contrariados, repletos de dança e música — eles se conheceram cantando canções de amor num velório.

O que mais me impressionou ao reunir as memórias de transmissão cultural evocadas por escritores, mas também por mulheres e homens que conheci em diferentes países da Europa ou da América Latina, foi o quanto a dimensão musical da língua era constantemente mencionada. "Quando ela

---

[78] Gabriel García Márquez, *Vivir para contarla*, Barcelona, Mondadori, 2002, p. 57 [ed. bras.: *Viver para contar*, Rio de Janeiro, Record, 2003].

As palavras habitáveis (e as que não o são)

falava, era como uma canção", diziam Fatima Sissani e suas irmãs. Zahia Rahmani, por sua vez, escreve a respeito de sua mãe que "fazer do mundo uma canção" era o seu segredo, o segredo das mulheres.[79] Federico Martín conta que nasceu em Estremadura "num paraíso onde todos cantavam, os rios, os pássaros, as mulheres": "Cresci à sombra da minha avó, à sombra de mulheres que cantavam, eram analfabetas, mas cantavam. Nasci em meio à amargura de um irmão morto, e essa amargura só foi suavizada pelas canções das mulheres".[80] Um último exemplo, no México, é o do professor José Gilberto Corres García, que relembra com lirismo a criança que foi:

"Minha casa era minha vida, os pássaros, as árvores, cada raio de sol da manhã. Minha casa era o mundo inteiro, era minha solidão, minha liberdade [...].

Lembro-me do tempo em que meu pai se ocupava de regar as plantas e acordar a casa inteira assoviando alegremente velhas canções, 'Allá en el rancho grande', 'Atotonilco', 'Las chapanecas'. Quero crer que elas viajaram até se fundirem à terra. [...] Acho que a água também deve ter aprendido os solfejos e as velhas cantigas, e se apressou para ensiná-los à roseira branca que, por sua vez, os ensinou aos passarinhos que chegavam furtivamente para cantar com meu pai."[81]

O que liga o pequeno José Gilberto ao mundo, o que dá coesão ao seu entorno, são essas velhas canções.

Sobre a origem da linguagem humana, Jean-Christophe

---

[79] *Moze*, Paris, Sabine Wespieser/Poche, 2016, p. 166.

[80] Conferência no festival *Palavras andarilhas*, Beja, Portugal, 26/9/2008.

[81] José Gilberto Corres García, *El pozo de las letras*, s/e; agradeço a Rigoberto González Nicolás que me passou essa autobiografia.

Bailly diz que "tudo o que sabemos, que é muito pouco, indica sempre a precedência do canto ou da entoação".[82] Alguns pesquisadores sugerem que nossos ancestrais mais distantes teriam cantado em vez de falar, ou que a protolinguagem e a protomúsica estariam originalmente fundidas num único meio.[83] Proust já gostava de pensar que a música era "como uma possibilidade [de comunicação] sem desdobramentos" porque "a humanidade enveredou por outros caminhos, os da linguagem falada e escrita".[84] E, antes dele, Rousseau havia observado: "Dizer e cantar eram outrora a mesma coisa", para retomar uma fórmula antiga.[85]

A questão das origens facilmente convoca os mitos, porém, antes, há um aspecto que merece ser observado: em todas as culturas, aprendemos primeiro a música da língua, sua prosódia, que não se ensina, transmite-se. No devir do pequeno humano, a fala vale antes de tudo por suas modulações, por seu ritmo, seu canto, e isso desde a gestação: antes de ser sensível às sílabas, o bebê que está por nascer é sensível à melodia da voz. E se a dimensão cantada da língua costuma ser evocada em memórias de transmissão cultural, isso

---

[82] *Passer, définir, connecter, infinir*, Paris, Argol, 2014, p. 105.

[83] Cf. Francis Wolff, *Pourquoi la musique*, Paris, Fayard, 2015, p. 25. Wolff se refere ao artigo de Steven Brown in Nils Wallin, Björn Merker e Steven Brown, *The Origins of Music*, Cambridge, MA, MIT Press, 2000.

[84] A passagem está em *La prisonnière*: "[...] assim como alguns seres são as últimas testemunhas de uma forma de vida que a natureza abandonou, eu me perguntava se a música não era um exemplo único do que poderia ter sido a comunicação das almas se não tivesse existido a invenção da linguagem, a formação das palavras, a análise de ideias. A música é como uma possibilidade sem desdobramentos; a humanidade enveredou por outros caminhos, os da linguagem falada e escrita" [ed. bras.: *A prisioneira*, vol. 5, *Em busca do tempo perdido*, Rio de Janeiro, Globo, 1981].

[85] Monique Philonenko, "Musique et langage", *Revue de Métaphysique et de Morale*, 2007/2; disponível em <https://www.cairn.info/revue-de-metaphysique-et-de-morale-2007-2-page-205.html>.

se deve, claro, à grande sensibilidade das crianças às inflexões da voz.

Talvez também porque o que se sente nesses momentos é uma sensação de harmonia, justamente no sentido musical do termo. Harmonia com o mundo interior, consigo mesmo, mas também com o que nos cerca. Como se toda relação com o mundo fosse dotada de musicalidade quando a língua é "como uma canção".

A respeito disso, os psicanalistas pensariam no que chamamos, desde Daniel Stern, de sintonia afetiva, que se opera quando a pessoa que se ocupa dos cuidados maternais "entra em sintonia" com o bebê, ritmicamente, quando os gestos ou as vocalizações se correspondem. Essas interações lúdicas com frequência são comparadas à afinação entre músicos, a uma improvisação musical a dois ou ainda a uma dança, um balé. Mas quando me refiro a uma sensação de harmonia com o entorno da criança, isso excede a sintonia com a mãe ou o pai, as relações com a família, com os próximos, e até com a sociedade. Nessas evocações de cenas de transmissão cultural feliz, é comum a menção ao mundo natural, à montanha aonde se vai à procura de neve, às estrelas, ao oceano, ao rio e, mais ainda, aos animais — e não apenas por aquelas e aqueles que cresceram distantes das cidades. Não estamos longe do Jardim do Éden ou, pelo menos, de um universo um pouco animista onde tudo canta, como dizia Federico Martín, onde tudo fala. E é uma certa harmonia com tudo isso, uma sensação de estar no seu lugar, de encontrar lugar, que seria experimentada. Harmonia momentânea, mas que se inscreve no corpo e na alma e deixa rastros.

"Eles roubaram minha língua"

Tzvetan Todorov fazia menção àqueles tempos, quando do encontro entre ameríndios e espanhóis, em que a vitória dos espanhóis desferiu "um sério golpe em nossa capacidade de nos sentirmos em harmonia com o mundo, de pertencer a uma ordem preestabelecida; o efeito disso é a recusa profunda da comunicação do ser humano com o mundo, é a produção da ilusão de que toda comunicação é comunicação inter-humana".[86] Ao ler essas frases, lembrei-me de que muitos europeus e norte-americanos da minha geração foram "cair na estrada" em países do Oriente ou do Sul quando eram jovens. Talvez nós estivéssemos em busca dessa harmonia com o mundo, de uma dimensão que nos conectasse ao nosso entorno, uma sensação de pertencimento ao mundo que o Ocidente não nos dava.

Contudo, aquilo que buscávamos dos Bálcãs a Bengala, do Magrebe aos Andes, era algo a que as pessoas que vieram para os nossos países precisaram renunciar. Pois, em muitos lugares, a tradição oral foi desarticulada, os traços simbólicos foram desorganizados. "Do mundo, subtraímos o canto", como escreve Zahia Rahmani. E devemos lembrar, esse "canto" muitas vezes foi literalmente arrancado da boca daquelas e daqueles que o entoavam. Como no exemplo a seguir.

No Canadá, do final do século XIX a 1996, mais de 150 mil crianças ameríndias, inuítes e métis, foram arrancadas de suas famílias e levadas a pensionatos, a maioria deles religiosos, onde deviam adquirir os costumes dos brancos. Sob o pretexto de educá-los, essa política tinha como objetivo explícito erradicar sua cultura. Nesses estabelecimentos, a taxa de mortalidade era cinco vezes mais elevada do que entre o restante da população, e os abusos sexuais eram frequentes. Um artigo publicado no jornal *The Globe and Mail* ilustra essa página sombria da história:

---

[86] *La Conquête de l'Amérique, op. cit.*, p. 126.

As palavras habitáveis (e as que não o são)　　　59

"Imagine que você está em casa com seus dois filhos, um menino de seis anos e uma menina de oito. Batem à porta. Você abre. Um representante do Estado e um oficial da polícia aparecem na soleira da porta. Os dois homens ordenam que você entregue seus filhos imediatamente. Eles serão levados e colocados na boleia de um caminhão, onde você pode ver outras crianças chorando. Você é obrigado a se separar dos seus filhos: o Estado julgou que você não está apto a criá-los em razão da sua raça. Tudo que era importante para você lhe foi tirado. Agora imagine que você é uma dessas crianças. Você é levada para um lugar a centenas de quilômetros da sua casa, uma escola nova dirigida por desconhecidos. Ao chegar, eles cortam seu cabelo, tiram as roupas que sua mãe fez para você e depois as queimam.

Você é punida a cada vez que fala sua língua materna ou que, chorando, chama por seus pais. Você está perdida, desorientada. Você foi separada do seu irmão, porque ele é menino e você, menina. Você está com frio e mal alimentada. Lá fora, não há um pátio de recreio, apenas um cemitério para as crianças que morreram nesse lugar sinistro.

E depois, você é submetida por um dos professores a abusos sexuais. As autoridades fazem vista grossa. Finalmente, quando chega à adolescência, você tem direito de sair. Mas para ir aonde? Sua casa foi destruída. Você não sabe em quem confiar, nem mesmo quem você é."[87]

Rose Dorothy Charlie, que passou por esses estabelecimentos, conta: "Eles roubaram minha língua. Eles a tira-

---

[87] Publicado em *The Globe and Mail* e traduzido no *Courrier International* de 3/6/2015; disponível em <http://www.courrierinternational. com/article/canada-amerindiens-un-genocide-culturel>.

ram diretamente da minha boca. Eu nunca mais a falei. Minha mãe me perguntava: 'Por quê, por quê? Você pode me escutar'. Ela dizia: 'Eu posso te ensinar'. Eu me recusava. E quando ela me perguntava por que, eu respondia: 'Estou cansada de levar tapas na boca'".[88]

Essa história terrível se repete em outros lugares. Na Austrália, milhares de crianças também foram retiradas de suas famílias para apagar todos os traços das culturas e línguas autóctones — e ali também famílias brancas e instituições religiosas se encarregaram de "civilizá-las", de assimilá-las. Nas colônias belgas, milhares de crianças nascidas de pai branco e mãe congolesa, ruandesa ou burundiana foram tiradas de suas mães e levadas a pensionatos religiosos e depois à Bélgica. Na França, pensemos nas crianças nascidas na Ilha da Reunião e deportadas para repovoar departamentos rurais da metrópole, nos anos 1960-70.

No Canadá, os dois primeiros-ministros pelo menos pediram perdão solenemente e todos os partidos políticos aceitaram que o governo pedisse desculpas em nome da população canadense. Ao menos uma Comissão da Verdade e da Reconciliação recolheu o testemunho de milhares de ex-alunos e fez um relatório que acusa o país de "genocídio cultural".

Mesmo quando a vontade de tirar crianças da cultura de seus pais assumiu formas menos extremas ou menos visíveis, não deixa de ser uma guerra cultural o que acontece em muitos desses lugares. O escritor Kényan Ngugi wa Thiong'o se lembra

"... de ter sido humilhado, espancado e punido com seus colegas, por ter sido flagrado falando uma língua africa-

---

[88] "Pensionnats autochtones: un génocide culturel, dit la Commission de Vérité et Reconciliation", *Radio Canada*, 2/6/2015.

As palavras habitáveis (e as que não o são)

na no pátio do colégio. Ser punido por falar a língua da própria mãe. É de uma violência terrível. O colonizador havia decidido que, para aprender a língua do Império, era preciso abandonar a própria língua. Portanto, eles puniam e humilhavam as crianças para elas associarem a língua materna a algo negativo, animalesco ou sei lá o quê, e o inglês, à glória."[89]

Na França, durante muito tempo os exilados foram forçados a deixar para trás a língua e a cultura nas quais haviam crescido, a renegar o lugar de onde vieram, para abraçar uma "identidade francesa", supostamente a única capaz de "cimentar" uma sociedade, como diziam alguns, como se os humanos fossem pedras.

Apesar de todas essas imposições, como vimos acima, a mãe de Zahia Rahmani e a de Fatima Sissani transformaram o país que haviam perdido numa "terra fértil e luminosa". Não acontece com tanta frequência. Nos anos 1990, quando entrevistava jovens cujos pais tinham vindo de outros países, eu sempre perguntava se eles se lembravam das lendas, histórias ou memórias que seus pais lhes haviam contado. Era muito raro, e vago. Naqueles mesmos anos, Farhad Khosrokhavar observava "um déficit de memória entre a juventude proveniente da migração, acentuado pelo universalismo francês".[90] Foi também o que constatou Fatima Sissani, que me escreveu:[91]

"Eu percebi, já faz um tempo, que as crianças provenientes da imigração, principalmente as da minha ge-

---

[89] *Le Monde*, 29/4/2022.

[90] "L'identité voilée", *Confluence Méditerranéenne*, 16, 1995.

[91] Email à autora, 24/9/2015.

ração [ela nasceu em 1970], têm um imaginário mutilado: praticamente não temos fotos de nossos antepassados, poucas imagens da maioria das regiões de onde vieram nossos pais, pouco acesso às narrativas que contam sua fundação... E se acrescentarmos a isso a dificuldade que foi, para a maioria de nós, tecer vínculos com tios, tias e avós, concluiremos que nós também carregamos uma mutilação afetiva. Na imigração, e contrariamente ao que se conta, a família expandida não existe mais [...]. E acho que ter crescido com um pai e uma mãe para quem as palavras eram tão importantes foi também o que me ajudou a fabricar uma identidade que me é própria, e que me permite evoluir com alegria. Nem todo mundo teve essa sorte."

Ela menciona também "o tempo da língua", "o tempo de escolher as palavras, de estabelecer um ritmo, uma atmosfera, de encontrar uma estética, para além desse imperativo de eficácia que a sociedade capitalista quer nos impor em tudo o que fazemos, mesmo em nossas conversas. A língua cabila tem um tempo que se estende ao infinito...".

No exílio, muitas pessoas esquecem as histórias que lhes foram transmitidas, ou sentem que elas pertencem a um tempo passado que já não tem razão de ser. Ou, ainda, muitas crianças se afastam do que os pais tentam contar e que lhes dá vergonha, quase, porque não há nenhum reconhecimento para isso. O compartilhamento da epopeia familiar não é fácil, ela pode incluir páginas sombrias que foram vivenciadas de forma traumática. É assim que, em muitas famílias, as mães não deixaram de transmitir uma língua carregada de mitologia e poesia, mas os pais permaneceram silenciosos, particularmente no que diz respeito aos capítulos mais pesados da história que viveram. O pai de Zahia Rahmani acabou se matando, e foi sua filha quem escreveu a história desse homem que não falava. "Sem língua, ele era também sem terri-

As palavras habitáveis (e as que não o são)

tório",[92] ela observa. Pois o silêncio devora pedaços inteiros do tempo passado, mas também países, espaços arrancados de debaixo dos seus pés. Como fazer "um país ressurgir do silêncio?", pergunta Alice Zeniter em *A arte de perder*.[93]

Os pais migrantes precisam ter muita coragem para transmitir sua cultura, observa Marie-Rose Moro.[94] Uma mulher lhe disse: "É cansativo transmitir sozinha". São necessários compartilhamentos, gesto coletivos, mas a França desconfia das comunidades. Para transmitir as culturas dos nossos ancestrais sem enrijecê-las em "tradições" estáticas, precisamos também de liberdade psíquica, e não de enclausuramento.

Hoje, mensuramos a que ponto a ausência de transmissão cultural em muitas famílias exiladas ou deslocadas foi prejudicial, assim como o desconhecimento da história e o silêncio sobre suas páginas dolorosas. Muitos jovens na Europa se sentem "em desacordo", desenraizados, estranhos ao mundo e aos lugares onde vivem — assim como muitas pessoas originárias de comunidades autóctones nos Estados Unidos, no Canadá e na Patagônia. E se esse sentimento de estar em dissonância já é proveniente da exclusão social que elas vivem, da xenofobia, ele se deve também, para muitos, à ausência de uma relação minimamente "cantante" com o mundo, de uma transmissão que teria tornado o mundo um pouco mais desejável, um pouco mais habitável. O mundo não faz sentido, não é para eles. Faltam-lhes esses ritmos, essas belas histórias, essas metáforas que os ligariam à montanha, ao rio, à praia ou a cidade, aos animais; às gerações passadas e às pessoas que vivem em outros países. Faltam-lhes todo

---

[92] *Moze, op. cit.*, p. 23.

[93] *L'Art de perdre*, Paris, Flammarion, 2017, p. 13.

[94] "Berceau linguistique, berceau culturel", *Les Rencontres d'AC-CES*, 1/2/2018, p. 14; disponível em <https://www.acces-lirabebe.fr/wp--content/uploads/2019/01/Rencontre_ACCES_MarieRose_Moro-1ER-FE-VRIER-2018.pdf>.

esse tecido de histórias poéticas, de fantasias, que eles poderiam interpor entre o real e eles. Eles não podem sonhar, imaginar a terra que seus pais deixaram. E o país, a cidade onde eles vivem agora, já não lhes dizem nada, não lhes remetem a nada.

Nós ainda não superamos o desprezo enorme que temos pelas culturas dos outros, particularmente a dos ex-colonizados ou exilados. Não superamos nossa enorme arrogância. Até recentemente, em muitos lugares, as línguas e culturas dos imigrantes foram objeto de uma rejeição peremptória. Na França, ainda hoje, esse assunto desencadeia paixões e suscita, num país que se pretende universalista, muitas abordagens ideológicas, posições dogmáticas, discursos de arrependimento. Ou, no mínimo, uma falta de engajamento. Teme-se por todo lado o fantasma do comunitarismo, sendo que, ao contrário, quando uma criança se apropria dos fragmentos da cultura de seus pais e essa cultura é reconhecida, ela tem menos receio de traí-los. Assim, ela pode mais facilmente se apropriar de outra cultura e se orgulhar de ser plural. Ao contrário, o desprezo pelas culturas de origem pode levar a uma inversão do estigma e à reivindicação de uma identidade monolítica. "Quando você reivindica uma identidade, é porque perdeu sua cultura",[95] observa Olivier Roy. Ele constata, como Farhad Khosrokhavar, que os jovens mais suscetíveis às seduções dos extremistas religiosos muitas vezes foram aculturados, faltou-lhes a transmissão de sua cultura. É por isso que eles recorrem a códigos, slogans e próteses identitárias. "A religião oferece um código quando a cultura está em crise: ela permite encontrar uma identidade quando já não há referências culturais."[96]

---

[95] *En quête de l'Orient perdu*, Paris, Seuil, 2014, p. 254.

[96] *Esprit*, abr. 1996.

"Se não temos língua, resta apenas uma religião fossilizada, internacionalizada, um pouco endurecida e manipulada",[97] diz Marie-Rose Moro ao refletir sobre as patologias relacionadas ao apagamento, às transmissões culturais rompidas, à perda de vínculos. Contrariamente, nas famílias em que houve o compartilhamento de histórias, metáforas e gestos artísticos em torno da vida, em que houve conversas sobre a história familiar, seria mais fácil evitar nas crianças essas angústias que se somam à fragilidade econômica e as expõem à errância e, às vezes, à violência.

UMA LÍNGUA PRÓXIMA AO CANTADO PODE SER REDESCOBERTA

Nesse sentido, está mais do que na hora de incentivar encontros com culturas orais perdidas, dar forma e lugar a todo um patrimônio que não seja apenas o das culturas dominantes, reunir falas e escritas, constituir arquivos, escrever a história cultural das migrações, e não apenas a história política e econômica. Precisamos multiplicar os lugares de trocas com as pessoas que chegam, em vez de sinalizar-lhes que devem deixar tudo para trás, como os migrantes de outros tempos precisaram fazer. E, nisso, a contribuição dos mediadores de livros, de literatura e de obras de arte é enorme. Pensemos, por exemplo, no que as edições Didier-Jeunesse[98] fazem para reunir cantigas rimadas e canções de ninar de todo o mundo, ou em associações como Musique en Herbe.[99]

---

[97] "Berceau linguistique...", art. cit.

[98] Fundada em 1988, a Didier-Jeunesse é especializada em livros para crianças e jovens, combinando muitas vezes texto e música, por meio de CDs ou gravações online que permitem às crianças ouvir canções relacionadas às histórias que leem. (N. da T.)

[99] Musique en Herbe é um projeto cultural iniciado em 1996, dedi-

Claro, isso requer toda uma arte de fazer, escutar, combinar palavra falada e palavra escrita que muitos já praticam com sensibilidade há anos. Na ACCES,[100] por exemplo, as coordenadoras das seções de leitura em voz alta com crianças pequenas sempre tiveram o cuidado de não excluir os pais, mas envolvê-los. No filme *Os Livros São Bons Para Todos os Bebês*,[101] Danielle Demichel comenta sobre uma mulher que havia participado de uma atividade: "De repente, toda a sua infância retornou. Ela se pôs a cantar porque reencontrou toda uma parte de sua infância que havia esquecido. Basta que uma pessoa tenha vontade de cantar para que as outras se contagiem". Na Argentina, mediadoras culturais observaram os mesmos reencontros com uma dimensão cantada da língua durante oficinas em que contos ou poesias desempenham um papel fundamental: "Nas últimas sessões, muitas mães riram enquanto cantavam para suas colegas as canções redescobertas depois de muito tempo".[102]

Penso também nas oficinas realizadas por Irene Vasco na Colômbia. Irene conta que desde que ela era muito peque-

---

cado à introdução de crianças de diferentes estratos sociais no universo da música, por meio de oficinas de sensibilização musical, concertos pedagógicos, livros, CDs, vídeos e aplicativos. Para mais informações, acessar <https://musique-en-herbe.com/>. (N. da T.)

[100] Fundada em 1982 por Marie Bonnafé, René Diaktine e Tony Lainé, a ACCES (Ações Culturais contra as Exclusões e as Segregações) coloca livros à disposição das crianças pequenas e de seu entorno nos meios economicamente desfavorecidos. A associação privilegia as leituras individuais no âmbito de um pequeno grupo.

[101] *Les Livres, C'est Bon Pour Tous les Bébés*, DVD, 35', dirigido por Marie Desmeuzes, coprodução ACCES/Octobre Production, 2009. O filme pode ser visualizado através do site da ACCES ou, diretamente, em <https://www.youtube.com/watch?v=r5qDgUoF9xk&list=PLQMpFh1By0yydYajdvetGsyfZnGIaDhQi&index=3>.

[102] Silvia Schlemenson (org.), *El placer de criar, la riqueza de pensar*, Buenos Aires, Novedades Educativas, 2005.

na, sua mãe, que era cantora (sempre a canção), mas também sua avó e seu pai, contavam histórias, cantavam e liam. Irene se tornou escritora: "Sinto que meu trabalho, ainda que muito feliz e aparentemente leve, pois consiste em contar histórias às crianças, é profundamente político [...] é a minha participação na construção de uma nação".[103]

Por décadas, ela percorreu o país, indo para zonas de guerra, de violência, em regiões onde viviam comunidades autóctones ou pessoas deslocadas (a Colômbia conta mais de 8 milhões de pessoas deslocadas), em bairros de extrema pobreza, prisões, hospitais pediátricos. Por todo lugar por onde passou, ela propôs oficinas que suscitavam o desejo de se apropriar da escrita — essa escrita cuja conquista é tão importante, nem que seja para compreender os contratos que as multinacionais às vezes querem fazer você assinar para tomar suas terras. Mas, para Irene, os livros não são objetos sagrados. Ela sabe fechá-los e ouvir — como no dia em que bibliotecários, perturbados pela chegada de famílias deslocadas para perto de onde trabalhavam, pediram que ela fosse até essas famílias e lesse para elas histórias. Ela era dada a esse tipo de trocas, mas nessa ocasião ela mal lia uma página e sua audiência se desconectava:

> "As crianças brincavam e brigavam, as avós estavam mudas, ausentes, mergulhadas em pensamentos que eu não podia alcançar. Pela primeira vez, senti que os livros que sempre levo comigo não me serviam de nada.
> Fechei os livros, olhei nos olhos daquelas mulheres e falei com elas. Contei-lhes que, na minha infância, minha mãe cantava para mim uma cantiga de ninar que eu não lembrava bem e que, talvez, elas conhecessem, pois

---

[103] Irene Vasco, "Las palabras contra la guerra", *Linternas y Bosques*, 16/7/2014; disponível em <https://linternasybosques.com/2014/07/16/las-palabras-contra-la-guerra-irene-vasco/>.

era da região delas: a maravilhosa 'Señora Santana por qué llora el niño?' salvou o meu dia.[104]

Ensaiei desajeitadamente duas ou três palavras que sabia de cor dessa canção, tentando despertar algo nelas. Foi como um milagre. Essa canção tradicional de Natal das comunidades negras do Pacífico abriu para mim suas portas, seus olhos, sua atenção, e pude, finalmente, me comunicar com elas.

Elas me ensinaram a cantar essa e muitas outras canções. Pouco a pouco, contaram histórias de assombração, histórias de pesca, de rios e de suas terras. Elas não falavam de morte, violência ou sofrimento. Falavam de memórias culturais e sociais. As narrativas tradicionais dos mais velhos, os cantos das mães, como cantigas de ninar que curavam, como refúgios simbólicos, foram os protagonistas do primeiro encontro."[105]

Um lugar de infância é redescoberto, uma memória é despertada, primeiro em sua presença, na força de sua evocação; depois, a sua narrativa a organiza e uma energia é liberada. Muitas vezes é preciso reencontrar um passado para que possa existir um futuro. Irene entendeu que antes de abrir livros, aquelas mulheres precisavam redescobrir um sentimento de pertencimento às suas paisagens, suas culturas, suas memórias: "Era preciso recuperar e recomeçar a transmitir ritmos, jogos, canções, histórias, gestos transmitidos de

---

[104] "Señora Santana, por qué llora el niño?/ Por una manzana que se le ha perdido/ Yo te daré una, yo te daré dos/ Una para el niño y otra para vos"; em português: "Señora Santana, por que chora a criança/ Por uma maçã que ela perdeu/ Vou te dar uma, vou te dar duas/ Uma para a criança e outra para você".

[105] "Cuando los libros crecen. Literatura y violência", *Cuatrogatos*; disponível em <https://www.cuatrogatos.org/detail-articulos.php?id=811> (publicado inicialmente na revista *Barataria*, do Grupo Editorial Norma).

geração em geração ao longo de séculos, e deixados para trás pelo deslocamento".

Na sessão seguinte, ela tirou da bolsa papéis coloridos, lápis, marcadores e tintas. E lhes disse que elas iriam fazer um livro: "Elas me olharam como se eu fosse maluca: 'Nós não sabemos nem ler, nem escrever' [...]. Não tem problema, vocês vão contar a história, eu a escreverei e, no final, cada uma levará um livro feito por vocês". Por horas, as mulheres lhe revelaram segredos, compartilharam estrofes de versos. Todo mundo ria. "Depois de cada verso, eu escrevia o nome da autora e o lugar de onde ela vinha. Uma após outra, elas ditavam suas histórias com orgulho, com uma dignidade redescoberta, com a autoridade de uma pessoa idosa que tem conhecimento e que sabe que deve transmitir as palavras impressas em sua memória."

Ela confeccionou alguns livros artesanais com lã, distribuiu entre as mulheres e disse que agora era preciso ilustrá--los. "Pela primeira vez, pude abrir meus belos livros ilustrados para mostrar como combinar letras e desenhos. Ainda não era a hora de ler em voz alta. Com os materiais de que dispunham, as avós pintaram, recortaram, colaram, iluminaram seus exemplares como as copistas de antigamente. Eu as acompanhava lendo e relendo seus versos." Cada uma dava o melhor de si.

Elas fizeram uma exposição em que cada uma pôde mostrar seu livro. "Para entender os livros dos outros, elas precisavam antes criar seus próprios livros. Precisavam sentir que havia algo de valioso nelas, uma sabedoria, um conhecimento de mundo que devia ser transmitido."

ACOLHER A PALAVRA DOS MIGRANTES

Hoje há urgência em pensar essas questões, particularmente com os refugiados e suas famílias, para não repetir com eles os mesmos erros que, na França, cometemos com muitos exilados e filhos de exilados, que precisaram enfrentar a xenofobia, o isolamento e, boa parte deles, a aculturação. Nos campos onde são reagrupados, em muitos países, eles são reduzidos a seres biológicos que dependem dos outros para tudo, inclusive para se alimentar. No entanto, carregam consigo a riqueza de uma história, de toda uma cultura, sua criatividade, seu ponto de vista crítico, seu olhar. Eles não são reduzíveis a uma identidade de infortúnio, de vítimas. Aquelas e aqueles que agora chegam na Europa também vêm de países onde uma bela tradição oral, poética, se encarregava de falar ao coração e à mente e equipar as crianças para que pudessem afrontar as adversidades e transformar seus medos e tristezas. Essa tradição os inscrevia na sucessão das gerações, abrindo espaço para outras dimensões, mitológicas ou fabulosas, que nos são tão necessárias. Essa tradição, já minada pela difusão globalizada de produtos estandardizados, também foi prejudicada pelas guerras. Uma mulher que viveu por muito tempo no Afeganistão me disse que testemunhara o fim de uma civilização, lembrando-se do tempo em que, a cada dia, longos programas de rádio dedicados à poesia eram ouvidos por pessoas de todas as idades, de todas as profissões. Penso também numa jovem iraquiana refugiada num campo na Jordânia, que diz: "A guerra leva as pessoas de volta à Idade Média. Ela destrói o que somos. Os iraquianos gostam de esporte, literatura, poesia, ciência, jardins, todas essas coisas boas. Os iraquianos não gostam dessa matança".[106] É por isso que é fundamental inventar dispositivos que permitam manter vivas todas essas culturas, todos esses patrimônios, todos esses "jardins"; multiplicar os espaços de troca com as pessoas que chegam, em vez de sinalizar que elas deveriam deixar tudo isso para trás.

---

[106] Deborah Ellis, *Children of War: Voices of Iraqi Refugees*, Toronto, Groundwood Books, 2009.

As palavras habitáveis (e as que não o são)

Estamos diante de uma coisa essencial, toda uma atitude que precisa ser repensada em relação às pessoas que residem nesses campos, bem como em relação àquelas que conseguiram sair de lá ou nem mesmo ficaram. Claro, não se trata de lhes dar migalhas culturais de forma condescendente, nem de oferecer-lhes livros-remédios, livros-poções. Ou, ainda, de prescrever-lhes textos edificantes para fazê-las assimilar a suposta "identidade" dos lugares de chegada. Além do quê, propor livros de qualidade às crianças e acompanhá-las nessas leituras também não basta. É preciso sustentar a transmissão cultural entre as gerações.

Florence Prudhomme, que escutou refugiados contarem suas histórias em Calais, sugere:

> "Em todos os países da África, e em outras partes do mundo, existem práticas artísticas. Torná-las vivas novamente permite àqueles que as praticam reviver também, reencontrar orgulho e dignidade [...]. Refugiados sírios, curdos, sudaneses ou afegãos teriam muito a nos ensinar nesse domínio, quer se trate de poemas, histórias, epopeias, arquitetura, pintura. Eles são ricos de todas essas criações e poderiam ensiná-las tanto às crianças como aos professores nas escolas..."[107]

Nos colégios, bibliotecas e outros locais, é preciso criar fóruns de discussão para acolher a fala dessas pessoas, espaços onde elas possam dar vida a suas histórias, suas epopeias, seus cantos. Não para enclausurá-las, não para encaixá-las nessa ou naquela identidade comunitária, mas, ao contrário, para ouvir histórias plurais, descobrir artes singulares, compartilhá-las e despertar em cada um de nós o desejo de

---

[107] "Rwanda, l'art de se reconstruire", comunicação realizada na confraternização organizada pela associação SOS Femmes Abobo, Paris, 9/4/2016.

se apropriar também de outras culturas, de outras narrativas. Pois, evidentemente, não se trata de aprisionar ninguém na estaca zero ou exaltar uma mitologia de origem, mas de aprender com o outro, escutá-lo para que ele possa reencontrar um país, como a mãe do contador de histórias libanês Jihad Darwiche: "Ela era uma estrangeira na cidade. Por meio da contação de histórias e da leitura de poemas, ela redescobriu um país".[108]

Trata-se também de sair de uma posição de vítima por meio da narração, como diz Alice Zeniter: "Pela forma de contar uma história, podemos também incutir beleza e tirar esses personagens de uma dimensão puramente vitimista que não nos permite considerar sua coragem, sua alegria, a totalidade que os torna nossos irmãos em humanidade".[109] É preciso falar sobre a coragem necessária para partir e reinventar a vida num novo país.

Trata-se também, ao compartilhar essas narrações ou gestos artísticos em torno da vida de antes, de se libertar um pouco dessa vida passada e abrir um futuro para as crianças. Lembro-me de um jovem, Ridha, que me disse: "É difícil pensar no futuro quando não temos passado. [...] Há um patrimônio que não foi transmitido ou que não conseguimos integrar, pois talvez nos tenham dito que ele era incompatível com o patrimônio daqui, mas penso que nada é incompatível. Tudo o que aprendemos é compatível, tudo o que vivemos molda aquilo que somos". E acrescentou: "Eu aceito minha origem, não tenho nenhuma razão para não aceitá-la porque ela é o que é, é daí que venho, é isso. Eu poderia ter vindo de outros lugares". Como um eco de suas palavras, volta-me ao espírito as palavras de uma jovem, Hava,

---

[108] "Jihad Darwiche, naissance d'un conteur", *Oufipo*, 2015.

[109] "Alice Zeniter ou l'art de briser le silence", *Le Point*, 16/11/2017; disponível em <https://www.lepoint.fr/culture/alice-zeniter-ou-l-art-de-briser-le-silence-16-11-2017-2172839_3.php>.

que dizia durante uma entrevista: "E no fim das contas, o que é isso? Uma terra. Chegamos, e vamos partir. Estamos de passagem, nada mais que isso". É o que diz também Achille Mbembe: "Estamos todos de passagem". E acrescenta: "É característico da humanidade o fato de termos sido convocados a viver expostos uns aos outros, e não encerrados em culturas e identidades".[110]

Uma última história de transmissão cultural. Na primavera de 2017, em Paris, Karishma Chugani me contou sobre sua família, originária da região de Sinde, que se tornou parte do Paquistão em 1947, quando da subdivisão do país. Seus avós, à época, tentaram se estabelecer em outros lugares, sua família materna em Gana e a paterna no Marrocos, onde Karishma nasceu, "numa casa onde falávamos principalmente inglês, com palavras em francês aqui e acolá, e filmes de Bollywood em hindi na TV". Depois ela morou na Espanha. "O dialeto sindi era falado entre adultos, principalmente quando eles queriam nos esconder segredos, então eu e meu irmão aprendemos imediatamente aquela língua enquanto fingíamos não compreendê-la. Fui educada numa escola americana, mas que era culturalmente rica em narrativas da mitologia indiana, marroquina e ocidental."

Ela me falou muito sobre sua avó materna que, quando ficou viúva, passou a viajar do Marrocos para Gana, da Índia para os Estados Unidos, para visitar seus filhos e netos, com objetos extraordinários na mala, entre eles, livros:

> "Ela tinha uma capacidade de se sentir em casa onde quer que fosse. Sentia-se bem em todos os lugares, fazia deles sua própria casa. Não precisava de muita coisa, tudo que lhe era importante, ela levava consigo: seus

---

[110] Texto publicado no jornal *Le Monde* em 24/1/2017; disponível em <https://www.lemonde.fr/idees/article/2017/01/24/nuit-des-idees-achille-mbembe-l-identite-n-est-pas-essentielle_5068460_3232.html>.

mantras, seu rosário, suas fotos. Ela vinha a cada dois ou três anos e ficava alguns meses. Ela nos transmitia histórias, receitas, rituais, uma espiritualidade; explicava o simbolismo de cada lugar. Às vezes, ela me contava sobre o exílio, sobre Gana — meu avô tinha cinemas em Gana. Contava sobre um rio em Sinde que é laranja, não sei mais nada dele, mas isso me ajudou a imaginá-lo.

Quando cantava mantras, ela se balançava, era muito musical. No Rajastão, os contadores vão de cidade em cidade com caixas de histórias. Eles contam essas histórias cantando. Eu gravei o que ela me contava, desenhei, escrevi, comecei a filmá-la, a fotografá-la — há algo de mágico que acontece quando eu redesenho uma foto, eu me aproprio dela. Escrevi para todos os primos pedindo que me contassem suas memórias. Tudo isso se tornou um livro.[111]

Eu o escrevi como um meio de compartilhar com minha família. Como um presente para mim mesma, para entender por que era importante contar histórias. A presença eterna das histórias, o bálsamo que atenua a dor do exílio... Eu também vivi um exílio, meu marido também, assim como meu filho que está por vir. Essa presença das histórias me tranquiliza muito. Minha avó rapidamente tinha compreendido isso. Eles haviam deixado tudo para trás, mas, por meio de suas histórias, nos transmitiram uma capacidade de revisitar tudo o que haviam perdido.

Eu também publiquei um pequeno livro em homenagem ao meu avô, que conta sua experiência como exilado. Um mês antes de morrer, ele me falou da morte de seu pai, que fora assassinado e esteve na prisão. Ele não tinha conseguido falar sobre isso antes. Foram necessá-

---

[111] Ver, de Karishma Chugani, *Las visitas de Nani*, Barcelona, Ekaré, 2018.

As palavras habitáveis (e as que não o são)

rios quarenta anos para que conseguisse. Eram apenas pequenos fragmentos, mas o suficiente para construir todo um universo. Acrescentei minhas próprias pesquisas na internet.

Aos noventa anos, minha avó aprendeu a usar o Skype. Ela nos telefonava, lembrava-se de todas as datas importantes para cada um de nós. Ela tecia vínculos entre os membros de sua família, dezenas de pessoas espalhadas por quinze países. Esses vínculos nos uniram. Somos hoje muito próximos, todos nós nos casamos fora da comunidade; em cada casamento, todos estavam presentes."

Karishma criou um projeto pedagógico itinerante e efêmero, a Escola de Papel, oficinas inspiradas em antigos objetos narrativos, marionetes de sombras, teatros de papel, caixas de histórias...

Ela fala inglês, sindi, espanhol, francês, árabe e hindi.

QUE LÍNGUA NÓS FALAMOS?

Deixando de lado aquelas e aqueles que conheceram o exílio, que língua nós falamos? Em muitas famílias, o trabalho ou a luta contra a precariedade ocupam todo o tempo cotidiano. Chega um momento em que a língua só serve para a designação imediata e utilitária de seres e coisas, ou para dar ordens e pedir. E falta às crianças uma etapa para integrar os diferentes registros da língua: aquela em que, muito cedo, somos apresentados ao uso de palavras tão vitais quanto "inúteis", gratuitas, mais perto do corpo, da emoção, do prazer compartilhado, mais longe do controle e das classificações.

Também lhes faltam essas palavras, metáforas, e narrativas um pouco fabulosas que nos ligam à montanha e à neve, às estrelas, à praia ou à cidade, e aos outros habitantes da terra, perdizes, falcões, antílopes, elefantes. Faltam-lhes esse tecido de palavras, de provérbios, de histórias, de fantasias. Nenhum mundo invisível vem completar o mundo real onde essas crianças se encontram, e o mundo real não lhes diz nada, ou significa apenas humilhação social e rejeição quando se trata dos bairros de exilados e refugiados, que em geral são muito mal designados, às vezes por números em vez de nomes.

Pois não habitamos números, tampouco as palavras estigmatizantes das mídias ou das políticas que se referem às pessoas como um amontoado de "problemas sociais". Não habitamos a língua dos boletins informativos com seu lote de horrores e suas frases convenientes para passar de uma catástrofe a outra. Habitamos em meio a objetos que projetam no cotidiano um pouco de beleza e em meio a histórias, anedotas, lugares sonhados — tal como o jovem Yannis e o universo oriental rico em cores que seu pai lhe contara, ou como Fatima Sissani, para quem sua mãe cantou o mundo, um mundo que ela havia perdido, mas que matinha vivo em seu canto. Habitamos uma língua próxima ao corpo, às sensações, atenta aos detalhes da realidade que evoca, que abre espaço para outros lugares além do imediato, um passado ou um futuro imaginado, formado em parte de sonho. Pois a realidade precisa de fantasia para ser desejável. Porque essa parte imaginada, invisível, é vital.

Sistematicamente, estudos calculam que o número de palavras conhecidas pelas crianças quando chegam à idade de três ou quatro anos varia muito em função do meio social.[112] Mas, nessa idade, a questão não é tanto a amplitude do vocabulário, mas o lugar desigual dado às formas narra-

---

[112] Cf. Betty Hart e Todd R. Risley, *The Early Catastrophe: The 30 Million Word Gap by Age 3*, 2003; disponível em <http://centerforeducation.rice.edu/slc/LS/30MillionWordGap.html>.

tivas e a essa língua que comporta uma dimensão ficcional, um jogo poético. O desafio não é apenas a escolarização, o que está em jogo é uma estética da vida cotidiana e uma possibilidade de se conectar com o mundo ao nosso redor, de encontrar lugar nele. Para que a montanha, o rio ou a cidade nos digam alguma coisa, para que haja espaço em nós, eles devem contar histórias. Sem narrativas, o mundo permaneceria indiferenciado, sem que pudéssemos habitá-lo de fato e construir nossa morada interior. O que está em jogo nessa perda de uma língua próxima do cantado, metafórica e poética, é, insisto nisso, uma possibilidade de se conectar com o mundo, inclusive com o que chamamos de "natureza"; uma possibilidade de encontrar lugar nele.

3.
AS PAISAGENS DE QUE SOMOS FEITOS

"Se abríssemos as pessoas, encontraríamos paisagens. Em mim, encontrariam praias."[113]

Agnès Varda

"Dentro de nós há praias, mares e palmeiras; há
montanhas, vilarejos e casas; dentro de nós há
seres humanos, há vida lá dentro. Busquem por
ela."[114]

Manuel Vilas

Por muito tempo, trabalhei num laboratório do CNRS
(Centro Nacional da Pesquisa Científica), na França, dedicado ao estudo do espaço. Meus colegas, a maioria geógrafos,
desenvolviam pesquisas sobre os modos de habitar, sobre as
paisagens, o meio ambiente, a relação com a natureza. E eu
estava pesquisando sobre a leitura e a relação com os livros,
a anos-luz de suas temáticas, eu tinha a impressão. Eles me
deixaram embarcar nesse périplo, eu precisava apenas, de
tempos em tempos, mostrar de que modo meu trabalho se
relacionava com as questões que os ocupavam. No início, eu
temia esse exercício, mas rapidamente percebi que era relati-
vamente fácil, pois as leitoras e os leitores que eu escutava
falavam com frequência, espontaneamente, de espaço: do
longínquo, da vastidão, da morada, dos deslocamentos, das

---

[113] Início do filme *As Praias de Agnès*, lançado em 2008.

[114] "Les Cent commandements", *Par ici la sortie*, Paris, Seuil, 2020.

paisagens, de um lugar-outro... Naquilo que diziam, como em muitas lembranças de leitura transcritas por escritores ou cientistas que eu lia como contraponto, as metáforas espaciais abundavam, e elas retornariam ao longo de anos.[115]

Eu não era a única a perceber que a leitura, ainda mais quando se tratava de obras literárias, tinha muito a ver com o espaço. Do outro lado do Atlântico, na Argentina, Graciela Montes observava no prólogo do seu livro, *La frontera indómita*,[116] que ela sempre tinha as mesmas obsessões "que estavam relacionadas com o espaço, e seu oposto: a falta de espaço, o encurralamento...".

Gostaria, portanto, de voltar a me ater ao modo como a leitura, particularmente de obras literárias, toca nos fundamentos espaciais do ser, e tentar ir um pouco mais longe.

COMPOR UMA PAISAGEM IMAGINÁRIA PARA SE BUSCAR DENTRO DELA

Comecemos com um exemplo. Em *A arte de ler*, eu mencionei a história daquelas "crianças de olhares de pedra" contada por Mira Rothenberg.[117] Talvez eu não tenha dimensionado o bastante a importância de um aspecto ao qual quero voltar. Logo após a Segunda Guerra Mundial, nos Estados Unidos, essa mulher muito jovem precisou dar aulas, e já encarar 32 crianças judias originárias da Europa Central, que tinham entre onze e treze anos. Algumas tinham sido abandonadas pelos pais para terem uma chance de escapar ao na-

---

[115] Cf. Michèle Petit, "Les pays lointains de la lecture", *Ethnologie Française*, XXXIV, 2004, Ethnologues et Géographes, pp. 609-15.

[116] *La frontera indómita*, México, Fondo de Cultura Económica, 1999, p. 11.

[117] Mira Rothenberg, *Des enfants au regard de pierre*, Paris, Seuil, 1979.

zismo, outras tinham nascido num campo de concentração. Todas haviam erigido fortalezas para se proteger dos horrores que viveram. Rothenberg havia encarado desafios similares, ela compreendia muitas línguas da Europa do Leste, e foi por isso que a chamaram. Quando encontrou as crianças, percebeu que elas buscavam, acima de tudo, alguém (ou alguma coisa) em quem descontar sua raiva. Elas nunca choravam, mas estavam deformadas pelo ódio e seus rostos se tornaram máscaras. Dilaceradas vivas, violentas, aterrorizadas, elas não confiavam em ninguém e repetiam, numa língua ou noutra, que queriam voltar para casa, reencontrar sua terra de origem, que se recusavam a aprender outra língua que não a sua própria. Até o dia em que Mira Rothenberg, aproveitando uma pausa em seus ataques de ódio, lhes fala sobre os indígenas da América:

> "Eu contava a elas como aqueles homens a quem o país pertencia haviam se tornado refugiados na própria terra, da qual foram despojados. Levei para eles um livro de poemas indígenas, que falava da terra que eles amavam, dos animais com os quais viviam, da força e do amor deles, do ódio e do orgulho. E de sua liberdade. As crianças reagiram. Alguma coisa se moveu dentro delas. Os indígenas deviam sentir pela América o que elas próprias sentiam pelo país de origem. [...] Nós tiramos todos os móveis da sala de aula. Montamos tendas e pintamos um rio no chão. Construímos canoas e animais em tamanho real com papel machê. [...] As crianças começaram lentamente a se desfazer de suas carapaças. Morávamos nas tendas. Comíamos lá. Elas não queriam mais voltar para casa."[118]

---

[118] Op. cit., p. 15.

As paisagens de que somos feitos

O diretor lhe dá carta branca e a defende contra as autoridades que julgam que tudo isso não é sério, "Isso não é ensino". Ela continuará falando dos ameríndios dia após dia; contando histórias "em que reinam tanto a violência, como o medo e o respeito pela natureza". Pois "os indígenas são seres em comunicação direta com a natureza, com suas torrentes, suas rochas e seus animais selvagens". As crianças literalmente bebem suas palavras como se tivessem sede de um lugar além da própria história, para ali encontrarem a parte desejante do seu ser.

Essa experiência mostrava que mesmo para aquelas e aqueles que foram gravemente traumatizados, uma metáfora poética podia oferecer um eco daquilo que haviam vivido e que não conseguiam colocar em palavras, e reanimar uma atividade psíquica estancada em imagens terríveis, relançar um pensamento. Devolver pouco a pouco uma força e um orgulho, um desejo de viver, uma vitalidade. Para essas crianças que haviam vivido o pior e perdido aquelas e aqueles que cuidavam delas, bem como os lugares onde cresceram, uma possibilidade de se reconectar um pouco com o mundo e com eles próprios havia sido aberta. Pois com o poema indígena, era também uma terra, rios, animais que lhes eram oferecidos, todo um universo natural onde o corpo e a psique podiam se desenvolver. Incorporar esses lugares tinha um efeito muito restaurador. E antes de qualquer outra coisa, as crianças tiveram a ideia de compor uma paisagem em torno delas mesmas, na sala de aula, e se procurar dentro dela. Uma paisagem na qual elas foram primeiro animais ferozes, tigres, leões, lobos, depois animais mais mansos, cavalos, cervos, búfalos. Finalmente, ao longo do tempo, de um tempo lento, eles puderam se tornar humanos, "verdadeiros índios". Um dia, elas montariam uma obra na qual falariam "com uma poesia infinita sobre esses índios que elas se tornaram", diz Rothenberg.

Esse longo desvio teve repercussões úteis para o aprendizado: permitiu que essas crianças lessem outros poemas, que escrevessem poemas, estudassem a história e a cultura desse povo e as comparassem com a dos países onde elas cresceram. Depois, permitiu que saíssem para visitar um parque e seguir antigas trilhas indígenas; que passassem seu tempo em cavernas aprendendo geografia e matemática para identificar sua localização e calcular as distâncias. Assim, pouco a pouco, elas puderam se adaptar ao país onde, de agora em diante, deveriam viver. Mas, para isso, foi preciso antes compor paisagens imaginárias para se afastar do real mais cru e poder se expandir nele. Aprender, ou reaprender, a sonhar.

Com muita frequência, volto a pensar em Mira Rothenberg, pois ela sentiu o essencial: num golpe de mestre, teve a intuição de propor esses poemas e essas histórias; ela também entendeu a importância de dar o espaço que aquelas crianças precisavam e de embarcar com elas na aventura. Um espaço inicialmente imaginado, figurado, com suas tendas, seus rios, seus animais, que um dia puderam se estender para o espaço real da cidade onde elas tinham se aventurado, sempre seguindo os rastros dos índios e de suas antigas trilhas.

UM REFÚGIO ABERTO PARA O LONGÍNQUO

Quanto a mim, foi escutando jovens nos bairros populares da França que entendi que ler, ou escutar leituras, particularmente literárias, permitia criar outros espaços essenciais para a expansão de si mesmo, principalmente para as pessoas que não dispõem, ou não dispõem mais, de um território pessoal, íntimo. Embora esses jovens não tivessem vivido dramas extremos, como as crianças judias refugiadas que acabei de mencionar, muitos deles tinham um sentimento de exclusão em razão da xenofobia da qual se sentiam alvo e das poucas oportunidades que lhes eram dadas. Ainda mais: talvez eles sofressem por estar enclausurados, relegados a bairros estigmatizados. Era como se o exterior lhes houvesse sido negado. E, no entanto, "é apenas quando temos acesso a um exterior que podemos nos sentir em casa", como escreve Jean-Christophe Bailly.[119]

Édouard Louis, que cresceu numa família operária do norte da França, diz que a violência primeira é a "violência do enclausuramento, a violência da geografia", e que "as outras formas de violência apenas decorrem dela...". A violência primeira é "abolir o exterior, [é] ser condenado a existir dentro de limites...".[120] É se sentir obrigado a permanecer num lugar e não sair de lá, não se envolver com o mundo ao redor, com o exterior. O que os jovens que eu conhecia haviam descoberto nos livros, principalmente em obras literárias, era um espaço que os protegia, mas sem isolá-los do mundo, fazendo as vezes desse exterior do qual tantas vezes eles se sentiam privados.

Muitos comparavam os livros a um refúgio, dizendo, por exemplo: "Os livros são minha casa, o meu estar em casa, eles sempre estiveram lá para me acolher". Foi assim que tomei consciência do papel que a leitura de textos literários podia desempenhar na vida das pessoas exiladas, que haviam perdido a casa e as paisagens onde cresceram. As obras literárias podiam ser moradas emprestadas — algo que muitos mediadores de livros intuíram quando propuseram poemas, mitos ou contos a crianças, adolescentes e adultos em estado de deslocamento, ou cujo enquadramento de vida foi destruído ou alterado. E aí reside uma dimensão que chama a nossa atenção, num momento em que "as guerras, os confli-

---

[119] "Athènes par ses fenêtres", in Ianna Andreadis, *Fenêtres sur Athènes*, Atenas, AGRA, 2016, p. 10.

[120] *Histoire de la violence*, Paris, Seuil, 2016, p. 149.

tos e a perseguição geraram o maior número de pessoas desenraizadas em busca de refúgio e segurança da história moderna",[121] como escrevem os autores de um relatório do Alto-Comissariado das Nações Unidas para Refugiados.

Não é apenas para as pessoas exiladas que os textos podem desempenhar esse papel. Alguns escritores cujas memórias eu estava lendo muitas vezes faziam observações similares, como Jeannette Winterson, que na adolescência foi colocada para fora de casa por seus pais: "Para mim, os livros são um lar. Eu me sento com um livro e já não sinto frio. Sei disso desde as noites geladas passadas na rua".[122] Ou Jean-Marc Besse: "Os livros me permitem constituir uma espécie de lar onde quer que eu esteja. Eles são como fogueiras que repelem a noite na floresta".[123] Ou Gérard Macé: "A literatura terá sido meu quarto à parte, meu refúgio, meu escritório particular, cujas paredes de papel estavam abertas para o mundo".[124] Graciela Montes, por sua vez, evoca os instantes, por vezes muitos longos, que ela passava olhando livros ilustrados, quando criança: "Havia algo que se abria e que me dava morada. O que me lembro é dessa sensação de entrar num lugar onde eu era bem-vinda. De ter uma sensação de casa. Era como quando eu entrava numa história, num conto. Eram cômodos, estados. Pequenos universos portáteis".[125]

De certa forma, um livro é uma miniatura, e parte de seu poder de encantamento vem do fato de sugerir uma casa

---

[121] *Relatório do Alto-Comissariado das Nações Unidas para Refugiados*; disponível em <http://www.unhcr.fr/5581a037c.html>.

[122] *Pourquoi être heureux quand on peut être normal?*, Paris, Éditions de l'Olivier, 2012, p. 79.

[123] *Habiter*, Paris, Flammarion, 2013, p. 172.

[124] *Des livres mouillés par la mer*, Paris, Gallimard, 2016, p. 88.

[125] *Palabra redonda*, Buenos Aires, Kunumi, 2022.

As paisagens de que somos feitos

(talvez ainda mais se tiver imagens) com suas janelas e com tudo o que há ao seu redor. Os ilustradores entenderam isso muito bem, e muitas vezes representam um livro como uma pequena tenda no meio da floresta por onde uma criança se esgueira, tranquila, protegida. As crianças muito pequenas também sentem isso e, às vezes, colocam um livro sobre a cabeça como se fosse um teto feito sob medida. Essa sensibilidade é ainda maior quando se trata de livros impressos cuja forma física sugere a de um abrigo que, para além do conteúdo, do texto e das imagens, é hospitaleiro. Com certeza, não entramos num e-book da mesma forma como se entra num livro impresso. "Estamos expostos à tela, e protegidos pelo livro", por seu caráter imutável, escreve Michel Melot.[126]

Porém os livros, e particularmente as obras literárias, não compõem apenas uma espécie de abrigo que podemos levar conosco, o que já seria muito nesse mundo tão brutal em que vivemos, e que tantas vezes nos faz sentir como que excluídos. E, vale lembrar, as pessoas que escutei, ou li, nunca comparavam a leitura a fortalezas, *bunkers* ou mesmo casas de pedra ou de tijolos, mas muitas vezes a um ninho ("Os livros são os galhos com os quais construo meu ninho", diz Marina Colasanti). Ou, recorrentemente, a uma cabana: "Eu lia, e era como se estivesse numa cabana na árvore", escutei isso dos dois lados do Atlântico.[127] A cabana é um espaço íntimo, mas de onde podemos olhar para o longínquo, para outros lugares. Seja feita de troncos, de galhos ou de palha, ela é permeada por cantos, gritos e cheiros da floresta — ela respira.

---

[126] *Livre*, Paris, L'Œil Neuf Éditions, 2006, p. 186.

[127] Aqui também, o que muitos ilustradores encontram é uma figuração, como, por exemplo, Emmanuelle Halgand, que fez um belo cartaz para a Feira do Livro Infantil de Caudebec.

"A ALMA É UMA INSACIÁVEL PREDADORA DE PAISAGENS"

Há também quem compare os livros a um espaço muito mais vasto do que um abrigo. Dizem, por exemplo: "Livros são como uma terra de asilo" ou "A leitura é meu país" ou, ainda, "Era todo um país que se abria, que expandia consideravelmente o lugar onde eu vivia". Os livros oferecem uma cabana de onde percebemos não apenas os ruídos ou o canto do mundo, mas também as paisagens.

Quando era criança, até parece que era isso que eu buscava nos livros: paisagens. Ou talvez fosse isso que eu encontrasse nos livros, mesmo sem buscar. Um agenciamento de elementos físicos em que sentia que estava exatamente onde deveria estar para me sentir bem — enquanto no mundo que diziam ser o real, isso não era tão frequente. Bem mais tarde, percebi que muitas pessoas eram como eu. Sobre isso, um pequeno GIF que circulou nas redes sociais me parece traduzir o que muitos leitores experimentam.[128] Um livro está lá, no chão, depois um personagem entra em cena e caminha, sem nada no seu entorno. Ele vê o livro, para, olha para a esquerda, olha para direita, não vê ninguém procurando pelo livro. Então ele se senta e começa a ler. E, muito rapidamente, toda uma paisagem colorida, acolhedora, se desenha e se eleva ao redor dele, árvores com diferentes perfumes, montanhas e um lago.

De uma frase, pode surgir um universo inteiro. "Quanto menor, maior", observa Hélène Cixous, evocando o paradoxo das dimensões desses lugares que são os livros.[129] Ler, ou escutar leituras, principalmente quando se trata de uma

---

[128] Disponível em <https://giphy.com/gifs/l2QZXIfx5GRmBftlu/fullscreen>.

[129] *Comme il nous plaira*, seminário online, 12/12/2020.

As paisagens de que somos feitos

língua dotada de qualidades literárias, faz surgir paisagens ao nosso redor, composições de elementos, sem que tenhamos consciência disso. Ao que parece, não é que os leitores vejam essas paisagens, que as representem no sentido visual do termo; é, acima de tudo, que eles sentem a presença delas. E então têm a sensação de estar em seu lugar, de encontrar lugar — sensação momentânea, mas que se inscreve no corpo e no espírito, e deixa marcas.

No decorrer das leituras, muitas vezes opera-se uma combinação de paisagens, como acontece, por exemplo, em *Austerlitz*, de W. G. Sebald, com o personagem homônimo que conta seus anos num pensionato. Esses anos foram "menos um período de cativeiro do que uma libertação", particularmente em razão das leituras às quais ele se entregava:

> "Eu lia tudo que podia ser encontrado nessa biblioteca de escola constituída de acordo com as regras mais arbitrárias, lia tudo que meus professores podiam me emprestar, livros de história e de geografia, narrativas de viagens, romances, biografias; passava dias inteiros debruçado sobre atlas e obras de referência. Pouco a pouco, brotou em minha cabeça uma espécie de paisagem ideal em que o deserto da Arábia, o reino dos astecas, o continente antártico, os Alpes cobertos de neve, a passagem do Noroeste, o rio do Congo e a península da Crimeia se juntaram para formar um único panorama, povoado por todos os seres que ali se reuniam. Como a qualquer momento [...] eu podia mergulhar nesse mundo, nunca caí no profundo desânimo do qual sofriam muitos internos do pensionato..."[130]

---

[130] *Austerlitz*, Arles, Actes Sud/Babel, 2002, p. 74 [ed. bras.: *Austerlitz*, São Paulo, Companhia das Letras, 2008].

"A alma é uma insaciável predadora de paisagens, que alimentam o inconsciente", escreve Claude Burgelin, ensaísta e professor de literatura.[131] Basta observar como as crianças pequenas precisam desenhar não apenas uma casa, mas também, ao redor dela, árvores, um jardim, animais, um caminho, nuvens e o sol. É como se tivessem a necessidade psíquica de compor uma paisagem, um espaço cujos elementos formam um todo. E se seguirmos o psicanalista Rémy Puyuelo, a construção de uma paisagem interna é "a primeira cabana psíquica".[132] Sem isso, as crianças, e sobretudo as que passam por dificuldades, não conseguirão "abrigar" pais no interior de si mesmas com quem possam conversar. O resultado são crianças "sem teto", sem ponto de apoio ou ancoragem. Puyuelo também ressalta que, quando chegamos a uma certa idade, desejamos retornar aos lugares onde vivemos nossa infância: "O que me chama a atenção é que não vamos ao encontro das pessoas amadas — que, na maioria dos casos, já desapareceram —, vamos ao encontro de uma paisagem, de um berço"; daí se deduz que também somos "constituídos por formas".

Algumas de nossas paisagens internas são tomadas de empréstimo a lugares onde experimentamos momentos felizes — ou dolorosos — em razão da curiosa capacidade que os espaços têm de se impregnar do que foi vivido, de reter o seu eco e nos restituí-lo quando voltamos a eles. Outras paisagens nos foram transmitidas, como vimos acima com o pai de Yannis Kiourtsakis e Caneia, ou com a mãe de Fatima Sissani e as montanhas da Cabília. De fato, uma parte essencial da transmissão cultural, particularmente das literaturas orais,

---

[131] "L'autobiographie: une conquête spatiale", *Villa Gillet*, n° 5, nov. 1996, p. 53.

[132] Reencontros trimestrais da ACCES, 18/11/2011; disponível em <https://www.acces-lirabebe.fr/wp-content/uploads/2018/03/Rencontre6--Rémy-Puyuelo.pd>.

consiste em apresentar o mundo às crianças, organizá-lo e lhe dar sentido por meio de histórias que fazem referência a um tempo passado, transformando os elementos que elas têm diante dos olhos em um todo. Vale notar que, às vezes, é assim que a memória dos lugares é perpetuada por milênios, como na Austrália, onde os aborígenes transmitem narrativas antigas, que datam de mais de 7 mil anos, evocando detalhes de paisagens que hoje estão submersas.

Dentro de nós também há dimensões, paisagens, que encontramos em textos ou imagens das quais nos apropriamos, que nos envolvem e, ao mesmo tempo, habitam nosso coração. Pois é precisamente isso que a literatura, oral e escrita (a arte, a pintura e, particularmente, a ilustração), nos oferece em abundância. A literatura instaura, propõe, distribui terras, países, paisagens e, assim, ela nos faz crescer, não no sentido moral, mas porque nosso espaço interior encontra forma habitável ou reaprende a imaginar. Para muitos leitores que conheci ou cujas memórias li, as paisagens que floresciam neles a partir dos livros lidos ou folheados haviam permitido que sua vida psíquica desabrochasse — como flores de papel japonesas quando mergulhadas na água.

No mais, escrever talvez seja, antes de tudo, compor uma paisagem. É o que pensam escritores como Lawrence Durrell, que dizia: "Tudo que sai de mim é paisagem";[133] ou Maylis de Kerangal: "Às vezes penso que escrever é instaurar uma paisagem".[134] Ela também diz que, na origem de um romance, há sempre uma vontade de espaços. Ou a busca de um espaço perdido, uma paisagem desaparecida que aquele ou aquela que escreve se esforça para reconstituir. De forma similar, segundo Olivier Rolin, há em todo escritor

---

[133] Citado por Béatrice Commengé em *Une vie de paysages, op. cit.*, p. 45.

[134] *À ce stade de la nuit*, Paris, Verticales, 2014, p. 56.

uma paisagem de infância, uma paisagem original que desenha o "rosto interior" de cada um. E ele se propõe a descobri-la nas obras de Hemingway, Nabokov, Kawabata, Borges ou Michaux.[135]

De minha parte, penso em Gabriel García Márquez, em seu exílio em Bogotá quando era jovem, após uma longa e bela viagem subindo o rio Magdalena. E ele dizia: "Eu gostaria de voltar a ser criança só para desfrutar dessa viagem".[136] Esse vale em terras quentes que o envolvia e do qual ele precisou se afastar para chegar à capital, onde adormeceu chorando em lençóis gelados. Essas margens do rio — tais como eram antes de suas águas apodrecerem e de seus animais desaparecem —, ele as revisitará e as transfigurará em alguns de seus mais belos livros, compartilhando-as conosco.

Estar em harmonia com o mundo

Como para García Márquez, muitas vezes o que se perde no exílio é também um vínculo com o mundo que chamamos de "natural", a proximidade física de um vulcão coberto de neve, de um rio e seus afluentes, de mil formas de existência vegetal e animal. E, também, é a força dessa presença no universo simbólico, em histórias, mitos, cantos e imagens. Como vimos acima, no exemplo do povo cabila, as culturas tradicionais nos reconectam ao que chamamos de natureza, à montanha, à perdiz, ao falcão, assim como nos reconecta à ancestralidade. Elas nos ancoram numa cosmologia e tecem

---

[135] *Paysages originels*, Paris, Seuil, 1999.

[136] Citado em Nicolás Pernett, "El río de la vida: el Magdalena en la obra de Gabriel García Márquez", *Credencial Historia*, 292; disponível em <https://www.banrepcultural.org/biblioteca-virtual/credencial-historia/numero-292/el-rio-de-la-vida-el-magdalena-en-la-obra-de-gabriel-garcia-marquez>.

pontes entre mundos reais e mundos invisíveis. Os seres humanos permanecem "mais preocupados em estar em harmonia com o mundo do que em possuí-lo", para falar com Georges Balandier.[137]

Nesse aspecto, sem dúvida, somos todos um pouco exilados. Pois em nossas sociedades desencantadas demais, fundadas sobre a objetificação, é a razão técnica, utilitária e mercantil que domina. Não há mais abordagem poética e mítica do mundo ao nosso redor, o que permitiria nos sentir parte dele. Em geral, o pertencimento se reduz à identidade social ou, antes, à posição social, ou até a designação social, amplamente determinada pelo *status* econômico, pela cor da pele, pelo gênero e pelo bairro onde se mora. A relação com as coisas é de puro consumo, mas também, em larga medida, a relação com os animais e os lugares: uma predação, uma distorção devastadora. Um pouco por todo lado, muitas paisagens foram aniquiladas por indústrias extrativistas e grandes grupos agroalimentares ou comerciais e por um planejamento urbano desprovido de alma. A destruição dos outros habitantes da Terra atingiu proporções insanas: acredita-se que 58% dos animais vertebrados teriam desaparecido em quarenta anos; um terço das árvores estaria ameaçado de extinção em razão da exploração agrícola e das florestas;[138] metade das plantas com flores do planeta — isto é, aproximadamente 175 mil das 350 mil espécies de plantas — corre o risco de desaparecer;[139] e quantos povos perderam seus territórios, suas línguas, suas culturas, seu próprio ser...?

Jean-Christophe Bailly menciona "a necessidade de um movimento em direção às coisas que não seja mais o do gozo

---

[137] *Civilisés, dit-on*, Paris, PUF, 2003, p. 202.

[138] *Le Monde*, 4/9/2021.

[139] De acordo com um estudo publicado em 13/10/2021 na revista *Science Advances* (citado no *Le Monde* de 16/10/2021).

ou do lucro e da rejeição, mas o do respeito, da consideração, do encantamento", "a ideia de uma atenção, de uma escuta atenta, inquieta"; "Essa escuta e a tensão que provoca é amplamente presente no mundo das tradições [...], mas por todo lugar as pessoas de hoje, e essa seria sua característica, tornaram-se distraídas, desatentas, impacientes".[140]

Esse seria um dos desafios, e não dos menores, a ser enfrentado com ajuda da literatura, da arte e da ciência, naquilo que estas têm de poéticas: cultivar, a escuta, a atenção, mas também a capacidade de sonhar. Pois a maioria das crianças ainda sonha, e sentem esse encantamento em relação às coisas, querem explorar o mundo, seus infinitos, seus mistérios. Para Paula Bombara, observar a vida cientificamente é o mesmo que observá-la a partir da insaciável curiosidade da criança.[141] E para Pierre Péju, a criança "é espontaneamente astrônoma e física, herborista e mineralogista, colecionadora e pesquisadora. Há no coração da criança uma disposição enciclopédica selvagem que é um amor pelo mundo".[142] Essa disposição, devemos mantê-la viva, assim como esse amor, inclusive porque, mais tarde, é ele que fará com que as crianças queiram se ocupar e cuidar do mundo.[143]

Muitos já o fazem, e o que eu disse anteriormente sobre já não haver abordagem poética e mítica do mundo em nos-

---

[140] *L'Élargissement du poème*, Paris, Bourgois, 2015, p. 201 (sobre algumas correntes artísticas contemporâneas, como a *arte povera*).

[141] Paula Bombara cita Marie Curie, que em seu diário lembrava "que ensinar ciências naturais não era senão ensinar a amar a vida, mas poucas pessoas compartilhavam dessa visão da ciência", "Cuando la curiosidad florece y nos amplía la mirada", art. cit.

[142] Pierre Péju, *La Petite fille dans la forêt des contes*, Paris, Robert Laffont, 1997, p. 118.

[143] "C'est l'amour du monde qui nous donne une tournure d'esprit politique", Hannah Arendt. Cf. a entrevista com Bérénice Levet publicada no *Le Monde* de 29/6/2012, por ocasião da publicação do seu ensaio, *Le Musée imaginaire d'Hannah Arendt*, Paris, Stock, 2011.

sas sociedades não é totalmente verdade. Felizmente, ainda há quem se ocupe de manter viva a curiosidade das crianças e a "disposição enciclopédica selvagem" que elas têm, de tecer vínculos com o que as cerca, nomear, cantar os lugares, animar as paisagens graças às narrativas. Os pais ou avós que, ao redescobrir parte de suas culturas, ou descobrir outras, transmitem às crianças refrões em que escutamos "o lobo e a raposa cantando", quadras ("No dia em que você nasceu/ nasceram todas as flores/ e sobre as fontes batismais/ cantaram os rouxinóis"), mitos ou contos que "nos revelam que não estamos sós, que a vida é uma corrente imensa que compartilhamos não só com outros indivíduos de nossa espécie, mas também com animais, florestas, dunas do deserto e um céu salpicado de estrelas",[144] nas palavras de Gustavo Martín Garzo. E nisso vemos, mais uma vez, como é importante ajudar esses pais ou avós a reencontrarem suas riquezas.

Mediadores culturais profissionais ou voluntários também se encarregam de tecer esses vínculos e inventam, dia após dia, toda uma arte para ajudar crianças (e adultos) a refinar a atenção, a escuta, a curiosidade e a tecer vínculos com o mundo que chamamos de natural, cantá-lo para reencontrar essa parcela de pertencimento que ultrapassa os clãs e as categorizações fechadas. Para isso, eles recorrem ao que foi acumulado em seus baús de tesouros, histórias representadas por palavras, imagens, gestos, mas também conhecimentos encontrados em livros. Os professores sabem reencantar o mundo e fazer com que o conhecimento recupere seu papel de iniciação profunda à vida.

Outros se voltam para as maravilhas da literatura infantil, que muitas vezes apresenta um universo livre da objetificação, um pouco animista, como nesses livros ilustrados em

---

[144] Gustavo Martín Garzo, *Una casa de palabras*, *op. cit.*, p. 54.

que ursos, leões, elefantes e até objetos são dotados de uma interioridade, de uma singularidade e de uma verdadeira qualidade de presença, quer se trate de um animal, um personagem ou uma paisagem. Muitos autores e ilustradores de livros para crianças sentem que, para elas, ainda mais do que para nós, "pertencer" não é apenas fazer parte da própria família, por mais fundamental que ela seja, da turma da escola, do grupo de amigos ou de um país. Há algo maior, mais vasto. Bachelard dizia que "a criança que sonha conhece o devaneio cósmico, aquele que nos une ao mundo".[145]

Talvez os adultos também tenham necessidade, mais do que pensam, de um tal "devaneio cósmico" que os une ao mundo. De acordo com Robert Harrison, o desenraizamento geral faz de cada um de nós uma espécie de refugiado.[146] Pensemos simplesmente no sucesso que fazem atualmente, numa grande quantidade de países, os livros dedicados ao mar, às árvores, aos pássaros. "A natureza vem ocupando um lugar cada vez maior no mundo editorial; crônicas, ensaios, romances e poemas oferecem ao leitor urbano viagens por paisagens distantes", como observa Carolina Esses.[147] Pensemos também no renascimento do lirismo de que falava Michel Collot, uma vez que, com a modernidade, havia se tornado "indecente cantar num mundo para sempre desencantado".[148] Marielle Macé lembra que "[...] esses seres que hoje reivindicam tão fortemente que os tratemos de outra maneira, os pássaros, e também os ventos, os rios, as florestas, os fantasmas...

---

[145] *La Poétique de la rêverie*, Paris, PUF, 1999, p. 92.

[146] *Forêts: essai sur l'imaginaire occidental*, Paris, Flammarion, 1992, p. 337.

[147] Carolina Esses, "Un territorio vasto en representaciones que se refugia en los libros", *La Nación*, Buenos Aires, 8/7/2018.

[148] *Le Chant du monde dans la poésie française contemporaine*, Paris, Corti, 2019, p. 101.

são *coisas líricas* muito antigas".[149] E que aqui "a poesia é muito erudita". No mais, em quase todos os lugares, a ecopoética está em plena expansão. Assim como uma antropologia próxima da literatura e da filosofia que, na esteira de Philippe Descola, explora outros modos de estar no mundo que não aqueles que nos levaram ao desastre ecológico e à guerra contra os seres vivos, explora outros possíveis.[150]

O canto, a poesia e, acima de tudo, a literatura, oral e escrita, permitem que nos sintamos reconectados a alguma coisa mais vasta do que nós mesmos. Não porque textos edificantes nos agregariam a uma comunidade nacional encerrada em suas próprias fronteiras, mas porque o que se encontra na literatura e no contato com obras de arte, desde a mais tenra idade, talvez seja, insisto nisso, uma harmonia, no sentido musical do termo, com o que nos cerca. É como se os leitores reencontrassem essa harmonia lírica com o mundo, que a modernidade combateu, pois a enxergava como uma ilusão.

Paulo Freire, o grande pedagogo brasileiro, dizia ter lido a linguagem das mangueiras nas diferentes estações, dos galhos das árvores, da voz do vento e de tantas outras coisas, e essa leitura do mundo lhe facilitara o acesso à leitura de livros. Na Argentina, no Brasil, na Colômbia, muitas pessoas me disseram que era preciso valorizar formas de leitura que incluam linguagens do que chamamos de "natureza". Muitas pessoas, cujo trabalho acompanhei, caminham nas ruas com as crianças, os adolescentes e os adultos que elas acompanham. Escutam suas histórias, o que eles têm a dizer sobre as árvores, os pássaros, os peixes. Elas os valorizam. E lhes apre-

---

[149] "Comment les oiseaux se sont tus", *Critique*, 860-861, jan.-fev. 2019, *Vivre dans un monde abîmé*, p. 17. Ver também *Une Pluie d'oiseaux*, Paris, Corti, 2022.

[150] Ver, particularmente, o que escrevem Nastassja Martin, Baptiste Morizot e Vinciane Despret.

sentam suas próprias histórias, suas próprias riquezas. Pois a transmissão cultural é uma troca, não uma imposição.

Uma restauração da paisagem

É também para tornar novamente habitáveis os lugares assombrados por episódios cruéis, para recompor paisagens que foram destruídas ou danificadas, para modificar a percepção, que a literatura, oral e escrita, e a arte podem contribuir: vilarejos onde aconteceram massacres, cidades bombardeadas, geografias estilhaçadas. Não basta reconstruir esses espaços materialmente, é preciso também realizar todo um trabalho de reconstrução estética e simbólica, um trabalho de memória para dar forma ao que aconteceu, para poder se distanciar um pouco da tragédia e reencontrar outras memórias, mais felizes, mais vivas, uma história mais complexa, como no exemplo a seguir.

Durante quase vinte anos, Florence Prudhomme foi regularmente a Ruanda, onde, após o genocídio de 1994, muitos lugares estão associados a lembranças terríveis. Ela criou um centro comunitário em Kigali para ajudar órfãos e viúvas muito pobres a reconstruírem suas vidas.[151] Propôs-lhes todo um acompanhamento não apenas terapêutico, mas também artístico e literário, com a descoberta de uma tradição pictórica, os *imigongo*, que muitos ignoravam ou haviam esquecido, e que agora as mulheres manejam com destreza. As mulheres mais velhas encontraram cantigas de ninar esquecidas e gravaram um CD para compartilhá-las. E, com a ajuda de um escritor, muitas mulheres e homens escreveram *Cadernos de memórias*, que leram uns para os outros, cada um se

---

[151] Ver Florence Prudhomme, *Rwanda, l'art de se reconstruire*, Paris, Ateliers Henry Dougier, 2015. Ver também <http://www.rwanda-avenir. org>.

apoiando nos demais para recuperar suas próprias memórias, quase sempre terríveis, e compartilhá-las. Esses *Cadernos*, publicados em francês[152] e em quiniaruanda, constituem testemunhos fundamentais sobre o genocídio, mas também sobre a vida de antes.

Em diversas ocasiões, Florence Prudhomme também organizou viagens pelo interior do país. Ela conta:

"Em 2013, uma viagem de memória nos levou, nós e as avós, ao sul do país. Atravessamos regiões carregadas de lembranças e de ausências. Os gritos e os choros jorravam. Era lá. Agora restam apenas árvores espinhosas e mata seca. Os lugares foram devastados, abandonados, destruídos para sempre. Porém, ao longo da viagem, surgiam outras memórias, lendas que os avós contavam, histórias enigmáticas e contos. Uma restauração da paisagem se põe em andamento. As lembranças felizes se misturam à tristeza. Os lugares ganham vida e se suavizam. A presença dos desaparecidos é uma imagem viva. Os rebanhos retornam à visão. E também as manhãs passadas colhendo ervas que, reunidas em ramalhetes, balançavam com beleza sobre a cabeça das meninas. As estações eram marcadas por colheitas e madrugadas em claro em que se transmitia a história de Ruanda."[153]

Nesse domínio da "restauração das paisagens", penso também nas bordadeiras de Mampuján, de uma comunidade

---

[152] Florence Prudhomme (org.), *Cahiers de mémoire, Kigali, 2014* e *Cahiers de mémoire, Kigali, 2019*, Paris, Classiques Garnier.

[153] Florence Prudhomme, "L'Atelier de mémoire", in *Cahiers de mémoire, Kigali, 2014, op. cit.*, p. 15; disponível em <https://classiques-garnier.com/cahiers-de-memoire-kigali-2014-l-atelier-de-memoire-en.html?displaymode=full>.

afrodescendente, na Colômbia. Em 2000, os habitantes de Mampuján foram expulsos da cidade por um grupo paramilitar para que os narcotraficantes pudessem organizar seus tráficos entre o mar e as montanhas. Cerca de 245 famílias foram forçadas a viver debaixo de lonas de plástico ou em abrigos de papelão a alguns quilômetros da cidade[154] — "até os fantasmas foram embora", diz um morador. Desde então, em Mampuján, "não se escuta um gorjeio de pássaro, nem os sinos da igreja ou as fofocas da vizinhança. Não se sente o cheiro dos animais domésticos, das frutas da estação ou das lanchonetes...", escreve Emy Osorio Matorel.[155]

Em 2006, estimuladas por uma líder comunitária, depois por uma psicóloga norte-americana, mulheres em situação de deslocamento começaram a se reunir para bordar de acordo com a técnica do *quilting*, sobrepondo diversos tecidos. Rapidamente, elas expressaram o desejo de não mais representar figuras geométricas, mas contar, através dessa técnica, o que tinham vivido e, depois, o que as comunidades próximas vivenciaram ao longo da "estrada da morte". Com o passar dos anos, a arte delas se desenvolveu. Hoje, uma dessas tapeçarias se encontra no Museu Nacional de Bogotá, e algumas foram expostas em outros países (principalmente no Museu da Aquitânia, em Bordeaux).

Quando vi reproduções dessas obras, chamou a minha atenção o fato de elas representarem quase sempre a paisagem perdida, as montanhas, o rio, as árvores, as casas e os animais. Aqui também, elas reconstituíam paisagens, depois abriam espaço para todos os seres que nelas habitavam. Mas, como diz o fotógrafo Echavarría, que as acompanhou por

---

[154] Ver Pierre Magnetto, "Le récit brodé des déplacées de Mampuján", *Naja 21*, 21/1/2016; disponível em <http://naja21.com/espace-journal/le-recit-brode-des-deplacees-de-mampujan/>.

[155] Emy Osorio Matorel, "17 años entre Mampuján y Mampujancito", *070*, 2017.

um tempo, "elas foram muito longe na própria memória".[156] Elas também retrataram deslocamentos bem mais antigos, que separaram seus ancestrais da África. E, mais uma vez, bordaram paisagens perdidas, com sua vegetação e seus animais, elefantes, girafas, zebras, tigres, cobras, entre os quais seus ancestrais se dedicavam às atividades cotidianas. Outras tapeçarias evocavam o tráfico, a travessia do Atlântico, a venda de escravizados na chegada, mas também os quilombos, a vida dos ex-escravizados que haviam fugido. Elas desenvolveram pesquisas sobre o passado das comunidades afrodescendentes, questionaram os estereótipos de gênero e trabalharam a favor da reconciliação. Ao longo dos anos, elas pararam de chorar e começaram a rir muito juntas.

"Hay flores que ordenan el universo",[157] há flores que ordenam o universo, escreve Ricardo Yánez. Há palavras, frases, imagens que ordenam o universo e transformam o nosso entorno, assim como nosso mundo interior, em paisagens habitáveis.

Pois habitar é algo que vai além da casa. Para o arquiteto Henri Gaudin, consiste "em tecer todos os tipos de coisas ao nosso redor para torná-las amigáveis, para que nos sejam menos indiferentes. Habitar é isso, é organizar as coisas no nosso entorno. Reabsorver a distância da estranheza do que é exterior a nós. Tentar sair da desordem mental provocada pela incompreensão inerente ao que está fora de nós".[158] Suavizar a exterioridade do mundo para nos sentirmos menos perdidos.

A casa é uma nota dessa harmonia que nossa vida busca realizar, diz Gaudin. Certas porções de espaço percebidas como um todo, certas paisagens, também são notas dessa har-

---

[156] Citado em Pierre Magnetto, art. cit.

[157] *Un pajarillo canta*, México, Fondo de Cultura Económica, 2006.

[158] "Embrasure", *Villa Gillet*, nº 5, nov. 1996, p. 22.

monia. Pois ao vê-las, ou, principalmente, ao senti-las, temos uma sensação de cumplicidade, de um bem-estar particular por nos encontrar exatamente onde estamos. E essa lembrança nos acompanha onde quer que estejamos depois, mesmo sem refletirmos sobre isso.[159]

---

[159] Se seguirmos Gilles Clément, uma paisagem é "aquilo que guardamos na memória depois de ter deixado de ver...". Cf. *Jardins, paysage et génie naturel*, aula inaugural ministrada em 1/12/2011, Collège de France; disponível em <https://books.openedition.org/cdf/510>.

Interlúdio
VER IMAGENS NA LEITURA?

Certa vez, um psicólogo cognitivista me disse que via imagens ao ler, imagens extremamente precisas. Para ele, isso era óbvio, e ele atribuía seu prazer na leitura ao aparecimento daquelas imagens. Ele nunca duvidou de que acontecia o mesmo com todo mundo. Quando eu lhe disse que não tinha tanta certeza, ele ficou muito surpreso. Eu expliquei que havia passado grande parte da minha vida imersa em livros, com um prazer enorme, que eu nunca havia passado três dias sem entrar numa livraria, mas essas imagens precisas não me vinham à mente, eu não conseguia produzir esse cinema interno. Ele me olhou com desconfiança, como se questionasse minha saúde mental.

Então fiz uma espécie de enquete com as pessoas próximas: sim, claro, elas viam imagens, e com detalhes, respondiam, sem refletir muito. O mesmo se passava com a maioria das pessoas a quem eu conseguia fazer essa pergunta após uma conferência. Para me tranquilizar, lembrei-me de Jeanne Benameur que, na ocasião de um ciclo de conferências, relacionou o fato de algumas crianças não gostarem de ler à dificuldade que tinham de produzir essas imagens. Então eu não era a única, mas eu adorava ler. E não sentia isso como uma dificuldade. Felizmente, acabei encontrando um aliado de peso: alguém tão visual quanto Jean-Luc Godard dizia ver raramente tais imagens. Se assim não fosse, dizia ele, ele seria um péssimo cineasta e um péssimo leitor: "Qual interesse em ver uma moça debruçada em seu travesseiro quando lemos *Albertine disparue* [*A fugitiva*]? Se eu visse imagens, num estilo *Paris Match*,[160] eu seria um péssimo leitor. Somente [Claude] Lelouch para visualizar planos esquemáticos enquanto lia *Os miseráveis*".[161] A ironia de Godard me vingou do psicocognitivista.

Alguns anos se passaram. Uma noite, enquanto eu lia a correspondência entre Paul Auster e Coetzee, adentrei com felicidade numa discussão entre eles sobre esse assunto. Auster fazia a pergunta: "a leitura não seria a arte de ver as coisas por si mesmo, de suscitar imagens na própria mente?". Ele explicava:

"Como leitor, às vezes me acontece de ter dificuldades para situar uma ação, para compreender a geografia de uma história. [...] Mais do que me projetar no cenário fictício que o autor descreve (uma pequena cidade no Mississippi, uma rua em Tóquio, um quarto numa mansão inglesa do século XVIII), tenho a tendência de situar os personagens em lugares que conheço pessoalmente. Eu não havia me tocado de que era o responsável por esse hábito até ler *Orgulho e preconceito* mais ou menos na idade de vinte anos (um livro que não tem quase nenhuma descrição material) e me surpreender ao 'ver' os personagens na casa onde eu havia crescido. Uma revelação sensacional. Mas como ver um cômodo que existe num livro se o autor não indica o que há dentro dele? Então você inventa o seu próprio cômodo ou enxerta a cena no interior da lembrança de um cômo-

---

[160] Revista francesa que cobre notícias nacionais e internacionais e acompanha a vida de celebridades. (N. da T.)

[161] *Jean-Luc Godard par Jean-Luc Godard*, *Cahiers du Cinéma*, 1998, tome 2 (1984-1998), p. 435.

do. Assim se explica por que cada leitor de um mesmo romance lê um livro diferente. É uma participação ativa e cada mente produz continuamente suas próprias imagens.

Quando escrevo, porém, parece que o processo se inverte. Os espaços existentes em meus romances são totalmente concretos para mim."[162]

Em outra carta, ele insiste no assunto:

"Eu também tenho curiosidade de saber o que você 'vê' dentro de sua cabeça quando lê um romance ou uma novela — ou, melhor, um conto de fadas. Se você lê o seguinte trecho: 'era uma vez uma mulher idosa que vivia com sua filha numa cabana no limiar de uma floresta escura', quais imagens, se houver imagens, lhe vêm à mente? [...] eu tenho a tendência, de uma maneira ou de outra, a preencher as lacunas. Não de uma forma extremamente elaborada, claro, mas que permite imaginar uma mulher pequena e rechonchuda com um avental amarrado na cintura, uma adolescente magra de longo cabelo castanho e pele muito pálida, e imaginar que da chaminé da cabana há uma fumaça que escapa. O espírito humano tem horror ao vazio? Existiria uma necessidade de preencher o que é vago e disforme, de tornar concreta uma ação, ou você pode se satisfazer com palavras sobre a página, e unicamente com elas, nesse caso, o que acontece com você quando lê essas palavras?"[163]

E a isso Coetzee responde:

---

[162] Paul Auster e J. M. Coetzee, *Ici & maintenant: correspondance 2008-2011*, Arles, Actes Sud, 2013, p. 246.

[163] *Idem*, p. 255.

Interlúdio: Ver imagens na leitura?

"Em sua última carta, você retoma a discussão relativa aos espaços ficcionais, e me pergunta o que eu vejo, com meu olho interior, quando leio num livro que havia uma mulher idosa que vivia com sua filha numa cabana no limiar de uma floresta. Comparado a você, eu pareço ter uma imaginação visual bastante medíocre. Ao longo de uma leitura normal, eu não creio 'ver' o que quer que seja. É apenas quando você me pede para abordar o assunto que, retrospectivamente, faço uma espécie de colagem na qual figuram o embrião de mulher idosa, sua filha, uma cabana e uma floresta.

O que eu pareço ter, no lugar da imaginação visual, é o que em termos vagos eu chamaria de uma aura ou uma tonalidade. Quando retorno mentalmente a um livro específico que conheço bem, parece-me que convoco uma aura única, que claro, não posso formulá-la sem de fato reescrever o livro."[164]

Então eu era como Coetzee. E continuo sendo. Ao reler *A prisioneira*, de Proust, tenho novamente a oportunidade de observar. Os lugares evocados, a casa do narrador, o quarto onde ele fica ou o de Albertine, não imagino estritamente nada, volumes, pinturas nas paredes, cortinas, móveis, tapetes ou bibelôs. Apenas a cena no banheiro contíguo ao de Albertine me sugere uma vaga representação, fugaz, embaçada.

Também não tenho a menor ideia visual da casa dos Verdurin,[165] entrada, sala, salão de jantar, não "imagino" precisamente nenhuma cena, nenhum cenário. Também não vejo nos personagens nenhuma silhueta ou rosto definidos. Apenas o narrador, às vezes, de forma muito turva, muito

---

[164] *Idem*, pp. 259-60.

[165] O casal Verdurin são personagens recorrentes ao longo dos volumes de *Em busca do tempo perdido*, e várias cenas importantes se desenrolam em dependências de sua casa. (N. da T.)

fantasmagórica, tem uma frágil estatura, a forma do rosto e o fino bigode do autor da obra, tal como nos mostram os retratos. Sobre os outros personagens, nada ou quase nada: provavelmente Albertine é morena, extrovertida e sai por aí rodopiando a saia, mas os múltiplos detalhes fornecidos pelo autor, que me deixam numa alegria sem tamanho, não me fazem imaginar um rosto ou vestimentas, é o jogo de palavras que me dá prazer, seu brilho, e talvez sua música. A sra. Verdurin deve ser gordinha, mas eu nunca esboço seus traços, o meu deslumbramento não pede isso; Charlus, sim, se penso nele, eu o imagino como alto e magro, com um bigode, e nada mais.

Eu não "vejo" nada e, no entanto, nessa obra, tudo me encanta. Por exemplo, a evocação dos barulhos dos ofícios de rua: não é apenas que não vejo, eu não escuto nada, mas é toda uma atmosfera, uma cidade desaparecida há muito tempo e cuja existência eu ignorava que ganha vida, que surge, sem que isso se traduza em imagens definidas. Esse balé dos ofícios da rua é sobretudo a ideia de um movimento, um ritmo, algo de indefinível. E lá estou eu revisitando essas camadas desaparecidas de Paris, mas também os vendedores ambulantes nas ruas de Saigon que eu tanto adorava escutar, num verão, vinte anos atrás; ou os aldeões das ilhas gregas montados em suas mulas e gritando a beleza de suas flores para atrair multidões. Tão longe de Proust, rapidamente.

Revisito também toda a minha vida amorosa entre as linhas lidas, suas esperas, suas alegrias, seus ridículos. Aqui também sem evocar imagens, sem cenas precisas. Não é exatamente da ordem do visual, nada que se assemelhe, de perto ou de longe, ao cinema, ao seu realismo. Daí a decepção que sinto diante das adaptações, assim como muitas pessoas também sentem (pois, provavelmente, não sou a única a não ver imagens quando lê). Não é que imaginamos um outro filme, como geralmente se diz, mas, antes, uma outra coisa que não um filme. Amplamente indizível, difícil fazer uma ideia.

Interlúdio: Ver imagens na leitura?

Um grande designer de capas de livros, Peter Mendel-sund, também se perguntou sobre o que se vê durante a leitura. E, recentemente, ele dedicou um livro de fragmentos de imagens ao assunto. Eu não sei se a costura precária dos cadernos da edição francesa é intencional (duvido), mas meu exemplar se desfez em centenas de folhas que voavam à medida que eu avançava. Eu ainda recolhi algumas frases em pleno voo, como essa aqui que confirmava o que eu sentia: "Quando lemos, ficamos imersos. E quanto mais imersos estamos, menos capazes somos, naquele momento, de deixar nosso espírito analítico influenciar a experiência que nos absorve. Discutir o que sentimos ao ler acaba sendo, na realidade, falar sobre a lembrança da leitura. E essa lembrança de leitura é uma falsa lembrança".[166] Seria um pouco como acender muito rapidamente uma luz para enxergar a escuridão, diz ele, valendo-se de uma imagem de William James.

O que podemos perceber dessa escuridão sugere que não vemos grande coisa: "No máximo uma silhueta, um balançar de cabelo, um olho negro. No pior dos casos, você não vê nada [...]. Pode se tranquilizar, isso não faz de você um leitor medíocre". Mendelsund sublinha que "os personagens literários são fisicamente vagos — eles apresentam apenas alguns traços, e esses traços parecem não ter muita importância. [...] eles não nos permitem de fato fazer uma representação de alguém".[167] Como é Anna Kariênina, nada sabemos. Mais do que isso, ele se pergunta se essa imprecisão não estaria no coração do prazer sentido: "Se é verdade que nossa imaginação não pode nos levar além de uma certa *imprecisão*, talvez esse seja um elemento-chave da razão pela qual nós gostamos tanto das histórias escritas. O que implicaria dizer que, às vezes, temos vontade de ver apenas muito pouco [...]. Nós

---

[166] *Que voit-on quand on lit?*, Paris, Robert Laffont, 2015, p. 31.

[167] *Idem*, p. 52.

desejamos a fluidez e a vagabundagem que nos oferecem os livros quando imaginamos seu conteúdo".[168]

Como Auster (e eu, e muitos outros), Mendelsund insere os locais onde viveu naqueles que o autor sugere: "para mim, a casa de verão dos Ramsay [em *Passeio ao farol*, de Virginia Woolf], cheia de convidados, lembra mansões barulhentas, caóticas, que minha família alugava durante o verão em Cape Cod. Essa imagem do Cape Cod é uma imagem fundadora para mim. Ela me permite estabelecer um vínculo com o livro".[169] Ele ainda explica: "A *minha* casa dos Ramsay é uma impressão, não uma imagem. E quero conservar essa impressão. [...] Bom, talvez a casa não seja apenas uma impressão... Mas a impressão precede a imagem".[170] Quando escutamos música, ele observa, o que sentimos não é atenuado pela ausência de imagens. Por que seria diferente quando lemos um romance? De uma experiência a outra, as coisas mudariam apenas em aparência.[171]

Essa *impressão*, tão difícil de apreender, e que faria valer a pena a leitura (ao menos para alguns de nós), talvez seja o que Coetzee chamava de aura ou tonalidade. E, Jean-Paul Kauffmann, de impregnação: refém por três anos no Líbano, quando já não tinha nada para ler, ele se lembrava de poesias ou romances de um tempo atrás, esforçava-se para relembrar não a história, não a intriga, não as imagens, mas, ele diz, a "impregnação", a "infusão".[172]

Há aí um campo muito mal explorado, e ainda misterioso. Vamos admitir: nós conhecemos mal essa atividade aparentemente tão banal ou, talvez, tenhamos esquecido (eu,

---

[168] *Idem*, pp. 214 e 225.

[169] *Idem*, p. 228.

[170] *Idem*, p. 229.

[171] *Idem*, p. 267.

[172] *La Maison du retour*, Paris, Nil Editions, 2007, pp. 115-6.

pelo menos) de todo tipo de observação que deve ter sido feita, ao longo de séculos. Apreender o que acontece conosco quando lemos não é simples, inclusive porque não acontece a mesma coisa com uns e outros; e as múltiplas escritas não produzem os mesmos efeitos.

O que proponho aqui é apenas um interlúdio na esperança de que alguém, talvez, tenha vontade de abordar o assunto e explorá-lo a fundo. De minha parte, eu me contentarei em encontrar nele motivos para pregar o ecletismo e esperar que a cada um, desde a mais tenra idade, seja dado o desejo de se apropriar de todo tipo de objeto cultural que nos enriquece de múltiplas formas, sutis, nuançadas. Todas elas preciosas, mas nunca iguais umas às outras. E continuarei lendo como sempre fiz, sem ver imagens, mas com arrebatamento.

4.
"SOMOS FEITOS DA MESMA MATÉRIA QUE OS SONHOS"

> "Não nos damos conta do privilégio que é o sonho. Quando apenas sobrevivemos, não há lugar para o sonho: só pensamos nas coisas essenciais."[173]
>
> Djaïli Amadou Amal

Vá saber por que a frase de Próspero, na peça *A Tempestade*, de Shakespeare, me voltou à mente, e a escolhi como título para esta apresentação. Ela me deu vontade de falar sobre sonhos e sobre o futuro. Lancei-me nesse tema imenso como se joga uma garrafa no mar e seja o que Deus quiser, porque eu não aguentava mais os discursos apocalípticos onipresentes. Em muitos lugares, os boletins de notícias e os compartilhamentos nas redes sociais se resumem, na maioria das vezes, à seguinte ideia, nas palavras do ilustrador Pascal Gros:

> "Bom dia, estamos em alerta de atentado, alerta de sequestro, alerta de tempestade, prevenção de inundação, perigo de poluição das partículas finas, prevenção de alergia à grama, alerta vermelho para terrorismo, prevenção de câncer e você deveria controlar seu colesterol. Tenha um ótimo dia!"[174]

---

[173] *Boomerang*, France Inter, 2/5/2022.

[174] Desenho de Pascal Gros publicado no jornal *Le Parisien* no dia 16/1/2017.

Evidentemente, não se trata de desviar o olhar enquanto o planeta está sendo queimado, as desigualdades não param de crescer e, por todo lado, as pessoas fogem de guerras ou misérias, morrem no mar ou em desertos, justamente porque já não existia futuro onde viviam. Trata-se, ao contrário, de lutar, em todas as frentes, para reencontrar a noção de futuro. Pois a cada dia crianças nascem, e não podemos nos contentar com lamentar ou dar-lhes a entender que, nas palavras de Marielle Macé, "elas são muitas, chegam tarde demais, endividadas antes mesmo de conhecerem o mundo; não paramos de dizer que não haverá emprego para elas, não do modo como houve para nós, não haverá lugar para elas, não como 'houve para nós'".[175] E há aqueles que repetem em coro: "Não haverá futuro para eles, senhora", como escutou uma professora de francês.[176]

Esse futuro, eles precisam, nós precisamos, poder sonhar com ele. E onde fica a literatura e a arte nisso tudo? Tanto uma como outra constituem vias reais para reencontrar os sonhos, precisamente, para reanimá-los. Há nisso uma dimensão vital que devemos preservar a todo custo, sobretudo nas crianças e nos adolescentes.

A LOUCURA DESTRUTIVA A PLENO VAPOR

Primeiramente, é preciso deixar claro que temos alguns motivos para estarmos bem preocupados com o futuro, se pensarmos na loucura destrutiva que está em pleno funcionamento um pouco no mundo inteiro. No dia em que comecei a escrever estas linhas, escutei na rádio que, no Brasil, Jair

---

[175] *Nos cabanes*, Lagrasse, Verdier, 2019, p. 33.

[176] Citado no *Le Monde* de 10/5/2022, em um artigo sobre o aumento do "*burn-out* escolar" entre os alunos.

Bolsonaro havia novamente considerado a floresta amazônica "não produtiva", situação que ele pretendia resolver expandindo o agronegócio, abrindo os territórios indígenas à mineração e integrando à força os povos ameríndios e quilombolas, muitas vezes forçando-os a viver na cidade. Tão logo dito, tão logo feito: em julho de 2019, garimpeiros fortemente armados invadiram reservas indígenas, em seguida os incêndios florestais se multiplicaram, com quase 400 mil árvores sendo derrubadas cotidianamente.[177]

No mesmo dia, eu me deparei com um artigo explicando que "a abóbada celeste bem que poderia se tornar a maior tela publicitária da história",[178] pois algumas empresas gostariam de transformar satélites em outdoors de publicidade que seriam visíveis no céu noturno. A Sociedade de Ciência e Tecnologia Aeroespacial da China, por sua vez, anunciava que ia lançar no espaço, acima da cidade de Chengdu, uma "lua artificial" oito vezes mais brilhante do que a autêntica. Em alguns anos, portanto, ao cair da noite, poderíamos ter a nossa visão ofuscada por propagandas de refrigerante, quinquilharias eletrônicas ou astros fictícios. Adeus às noites em que podíamos mostrar às crianças a Ursa Maior, a constelação de Órion ou o Cruzeiro do Sul, enquanto lhes contávamos histórias.

De resto, talvez não durmamos mais. Pois ao ler essas notícias dignas de uma distopia, eu me lembrei do ensaio

---

[177] *Le Monde*, 25/7/2019; disponível em <https://www.lemonde.fr/planete/article/2019/07/24/contrarie-par-les-chiffres-de-deforestation-jair-bolsonaro-menace-l-institut-qui-les-divulgue_5492912_3244.html?utm_medium=Social&utm_source=Facebook#Echobox=1563965121> e *Le Monde*, 20/9/2019; disponível em <https://www.lemonde.fr/idees/article/2019/09/20/amazonie-la-politique-incendiaire-de-bolsonaro_6012353_3232.html>.

[178] Jane C. Hu, *Korii Slate*, 16/5/2019; disponível em <https://korii.slate.fr/et-caetera/publicite-pollution-lumineuse-conquete-espace-satellites>.

24/7: o ataque do capitalismo ao sono,[179] em que Jonathan Crary mostra que a vontade de reduzir os espaços e os tempos não rentáveis doravante alcançaria o próprio sono. O Departamento de Defesa dos Estados Unidos subvenciona há anos pesquisadores de diversas universidades a fim de que estudem a atividade cerebral dos pardais-de-garganta-branca, pássaros migratórios capazes de permanecer acordados sete dias seguidos, "com a finalidade de obter conhecimentos transferíveis aos seres humanos" e de moldar soldados que, um dia, seriam capazes de ficar disponíveis 24 x 24 horas. O corpo humano adquiriria então, diz Crary, "um modo de funcionamento mecânico, tanto em termos de duração quanto de eficácia". E o soldado sem sono seria o precursor do trabalhador ou do consumidor insone. Pois "passar uma imensa parte da nossa vida dormindo, livres do embaraço de necessidades artificiais, permanece uma das maiores afrontas que os seres humanos podem fazer à voracidade do capitalismo contemporâneo".[180]

Desejo de todo o meu coração que nunca cheguemos a esse mundo inteiramente regulado, totalmente controlado, do qual desapareceria tudo o que nos dá uma sensação de abertura. E que as crianças sejam poupadas desse horizonte mortal de uma vida sem pausas, sem recolhimento, sem errância, sem sonho. Sem bibliotecas e jardins também, imagino. Sem filosofia, sem literatura, sem poesia, evidentemente. Além do que, isso já começou. Por exemplo, o mesmo Bolsonaro tem as "humanidades" e as ciências sociais como alvos, assim como inúmeros projetos culturais, que foram "descontinuados". E seu ministro da Educação, um economista, justificou sua decisão de reduzir os financiamentos concedi-

---

[179] *24/7: Le Capitalisme à l'assaut du sommeil*, Paris, La Découverte, 2013 [ed. bras.: *24/7: capitalismo tardio e os fins do sono*, São Paulo, Ubu, 2016].

[180] *Op. cit.*, p. 25.

dos às faculdades de sociologia e filosofia pela vontade de oferecer um "retorno imediato ao contribuinte".[181]

Ele teria se inspirado no Japão, onde, nos últimos anos, diversas universidades anunciaram o fechamento de departamentos dedicados ao ensino das humanidades e ciências sociais, ou a redução de suas atividades, depois de terem sido instruídas pelo Ministério responsável a se concentrarem em áreas de ensino "úteis à economia".[182] Pois, nas palavras do então primeiro-ministro, Shinzo Abe, "a educação deve se adaptar às necessidades da sociedade".

Haveria muito o que dizer a respeito dessas supostas "necessidades da sociedade" — quem as define, de qual "sociedade" estamos falando? — e, mais ainda, sobre o termo "se adaptar", essa injunção permanente à qual estamos submetidos há anos, e desde a mais tenra idade, mesmo sem sermos japoneses: "É preciso se adaptar", sob pena de sermos deixados para trás, eliminados, excluídos, expulsos do mundo contemporâneo. Esse imperativo, constantemente enunciado por políticos e supostos especialistas, normalmente vem acompanhado dos termos "competição", "seleção" e "evolução", que deveríamos incorporar se não quisermos morrer, numa referência explícita a um universo darwiniano revisitado (que teria, sem dúvida, horrorizado Darwin).[183]

Os ataques à filosofia, às ciências sociais, à literatura e à educação artística não são obra apenas da extrema-direita: já há alguns anos Martha Nussbaum expressava sua preocu-

---

[181] *Le Monde*, 3/5/2019.

[182] "Japão: consideradas inúteis, 26 universidades de ciências humanas e sociais vão fechar", *Le Figaro Étudiant*, 18/9/2015; disponível em <https://etudiant.lefigaro.fr/les-news/actu/detail/article/japon-jugees-inutiles-26-universites-de-sciences-humaines-et-sociales-vont-fermer-16801/>.

[183] Ver Barbara Stiegler, *"Il faut s'adapter": sur un nouvel impératif politique*, Paris, Gallimard, 2019. O biologismo, segundo ela, seria um dos fundamentos do neoliberalismo.

pação com o fato de que "em quase todos os países do mundo, as artes e as humanidades foram amputadas, tanto no ensino fundamental, como no ensino médio e nas universidades. Os formuladores de políticas as veem como um floreio desnecessário num momento em que os países precisam se livrar de todos os elementos inúteis para se manter competitivos no mercado global...".[184] E no dia em que eu estava ouvindo todas essas boas notícias sobre o futuro da Amazônia e a abóbada celeste, Pamela Ferreira me escreveu do Chile:

"As crianças passam aproximadamente sete horas por dia na escola, mas, progressivamente, os espaços dedicados à reflexão e ao pensamento foram suprimidos dessas horas. As aulas de filosofia e de cidadania foram eliminadas há alguns anos. Pior ainda, pensávamos que os cursos dedicados à língua seriam uma grande janela para a reconciliação com o pensamento, mas não foi o caso, pois, na maior parte do tempo, as escolas se dedicam à preparação de provas estandardizadas de compreensão de leitura e escrita."

Essas imposições a "se adaptar" ou, às vezes, "se ajustar", tal como peças mecânicas, frequentemente são feitas em nome da necessidade de levar a sério a "realidade". Ou melhor, "essa ficção absurda que chamamos de realidade", e me valho da fórmula de Gustavo Garzo, quando ele escreve:

"Bancos que roubam seus clientes, desordens especulativas na bolsa, paraísos fiscais administrados pelas mesmas pessoas que exigem de nós austeridade e resignação, listas dos homens mais ricos do mundo, caciques que tocam trombone, ministros da Cultura dedicados às

---

[184] *Les Émotions démocratiques*, *op. cit.*, p. 10.

touradas, conselheiros da inanidade, vendedores presunçosos do bem comum — esses são os personagens dessa ficção absurda que chamamos de realidade."[185]

Novamente, é em nome da "racionalidade" que deveríamos nos adaptar às exigências dos políticos e dos especialistas, essa racionalidade que estaria no próprio coração da ciência econômica. Como diz Richard Thaler, Prêmio Nobel de Economia, ainda hoje essa "ciência" se funda, em larga medida, em "um modelo que substitui o *Homo sapiens* por uma criatura fictícia chamada *Homo economicus*".[186] Uma criatura imaginária programada para fazer escolhas ideais em função de uma racionalidade abstrata. Porém, sabe-se que as "escolhas" de cada um estão relacionadas a fenômenos muito mais complexos do que essa suposta racionalidade, isto é, fatores históricos, culturais, sociais e psicológicos..., e não podemos ignorar os desejos, os sonhos, os medos, as paixões e mesmo as loucuras, que são inerentes aos seres humanos.

Aliás, inclusive, inerentes àqueles que estão no comando da economia. Porque, finalmente, se considerarmos os ciclos que constituem o dia a dia da atividade econômica no regime capitalista, em perpétua crise, há algo que está muito mais próximo do delírio do que da racionalidade, com essas montanhas-russas contínuas que lembram o que costumávamos chamar de "psicose maníaco-depressiva" e que hoje chamamos de "transtorno bipolar".

---

[185] Gustavo Martín Garzo, "Países imaginados"; disponível em <http://dueloliterae.blogspot.com/2013/01/los-paises-imaginados-por-gustavo.html>. Ver também Mona Chollet, *La tyrannie de la réalité*, Paris, Folio Actuel/Gallimard, 2006.

[186] "Nós precisamos, na economia, de uma abordagem enriquecida que reconheça a existência dos humanos", *Le Monde*, 5/10/2018, p. 7.

Yannis Kiourtsakis, referindo-se à gravíssima crise em seu país, a Grécia, escreve o seguinte:

"O pior é que não entendemos nada do que vem acontecendo. Como compreender esse colapso brutal após tantos anos de euforia, durante os quais nossos governantes não paravam de falar sobre a 'vitória' que era para todos nós 'nossa' entrada na zona do euro: daqui para a frente, eles prometiam, a Grécia, ontem ainda 'subdesenvolvida', faria parte do clube dos ricos, deixando definitivamente para trás o espectro da pobreza. Então, como aconteceu o desastre? E a quem imputá-lo? [...] O que era essa guerra não declarada cujo custo não era mais o sangue, mas o dinheiro? E qual era o inimigo que devíamos enfrentar? Como não conseguíamos identificá-lo, nós nos digladiávamos entre nós."[187]

A própria língua era uma barreira para o pensamento:

"[...] os clichês propagados pelas mídias grega e internacional apenas nos cegavam. Parei de assistir à televisão, tentando me informar junto à imprensa supostamente séria. Que nada! As palavras com as quais éramos bombardeados, em vez de iluminar nossas vidas diárias, as dissimulavam numa nuvem de abstrações: rigor orçamentário, redução do déficit, competitividade, reformas estruturais, modernização, rentabilidade, flexibilidade, avaliação... Foi à sombra dessas palavras que cresceram a xenofobia, o racismo, o desprezo pelos outros e os gritos de ódio contra os imigrantes. [...] (As palavras) que dominavam se tornavam cada vez mais abstratas, estran-

---

[187] "Athènes grondait de nouveau", *Blog Mediapart*, 11/8/2014.

geiras, incompreensíveis, desumanas. Ouça: *rating agencies*, *hedge funds*, *junk bonds* (títulos podres), *spreads*, *hair-cut*, *swaps*, *warrants*; depois vinham os acrônimos: CDS, PSI, ESM, EFSF, IIF... Essas eram as palavras que agora nos assediavam nas ruas, nos cafés, nas lojas, por toda a cidade. E elas alimentavam ainda mais o nosso ódio pelos outros e por nós mesmos."

Isso sem falar dos componentes destrutivos e mortíferos desse regime capitalista, que são particularmente manifestos nos dias de hoje, em que, como vimos acima, um grande número de animais vertebrados teria desaparecido em quarenta anos e metade das plantas com flores do mundo corre o risco de desaparecer. Diante de toda essa loucura, precisamos urgentemente cuidar da língua, renová-la, e pensar um futuro, reencontrar nossos sonhos. A psicanalista Silvia Bleichmar falou bastante sobre a importância de recompor a noção de futuro quando os argentinos precisaram enfrentar uma crise extremamente dura (e eles próprios não compreendiam como esse desastre tinha acontecido). "Não basta planejar, os sonhos devem ser o horizonte de todo projeto, para que ele tenha sentido."[188] Bleichmar se insurgia principalmente contra a transformação da infância em um estado definido pela preparação para a vida produtiva, mais do que pela formação intelectual ou pela socialização.[189] Para ela, como já mencionei, a escola deveria ser "um lugar de reencontro com os nossos sonhos, não apenas um lugar de autopreservação".

No momento da crise que assolou seu país, ela também enfatizou a importância do "florescimento fenomenal da literatura, da arte e do design em meio a esse país devastado;

---

[188] Entrevista realizada por Elisa Boland, *La Mancha*, Buenos Aires, 17/11/2003.

[189] *Dolor país*, Buenos Aires, Libros del Zorzal, 2002.

da defesa da pesquisa científica e da educação, claro. Há um retorno espontâneo à defesa dos espaços de criação...",[190] ela observou. A cultura ocupa um lugar central na resistência a nos sentirmos reduzidos a seres biológicos, à mera preservação do corpo. "A resistência da cultura é o direito ao pensamento." A literatura, particularmente, lhe parecia fundamental: "Ela constitui o horizonte no qual se articulam os sonhos, que não se reduzem a mudar um pouco o curso da realidade presente, mas a imaginar outras realidades possíveis".[191] E ela se lembrava: "Na minha infância, a literatura abriu um horizonte que me tirou da solidão dos pampas, me fez seguir em frente e me permitiu antecipar outros mundos possíveis".

Sim, a literatura, oral e escrita, são vias reais para reencontrar nossos sonhos e "antecipar outros mundos possíveis".

VIAS REAIS PARA ENCONTRAR NOSSOS SONHOS

Então, finalmente, qual a função da literatura, da arte? Diante das injunções a se "adaptar" que mencionei, muitas vezes os mediadores culturais ou os pesquisadores são tomados por um desespero e se esforçam, de modo defensivo, para demonstrar que a literatura, assim como a educação artística, tem seu lugar entre as atividades mais "úteis" que possam existir.

Explicamos, por exemplo, que a leitura de obras literárias contribui para a ampliação do repertório lexical, para o enriquecimento da sintaxe, da capacidade de se expressar... Em resumo, contribui para uma "adaptação" das crianças

---

[190] Entrevista citada.
[191] *Idem.*

Michèle Petit

às exigências do mundo escolar e, posteriormente, do mundo profissional, assim como para o exercício futuro da cidadania. Nessas últimas décadas, com o desenvolvimento das neurociências, também foi amplamente explicado que as conexões neurais aumentariam em diversas regiões do cérebro quando lemos, que as faculdades cognitivas seriam estimuladas, que as emoções despertadas pela literatura contribuiriam para o aprendizado etc. Acrescente-se a isso todos os discursos sobre empatia e compaixão que se multiplicaram recentemente, bem como aqueles, semelhantes, que buscam mostrar que a literatura serviria para a construção de valores (na França, falou-se sobre uma "virada ética" no ensino das letras).

Isso não está de todo errado. Eu mesma acabei retomando alguns desses argumentos, mas não foi com alegria no coração, pois os considerava um pouco tristes, pouco capazes de suscitar o entusiasmo das crianças e dos adolescentes, que rapidamente se esquivam de qualquer coisa que lembre uma "lição de moral", como eles dizem. Mas, mais do que isso, quando eu retomava esses discursos, tinha a impressão de estar traindo os leitores, aquelas e aqueles que eu escutava e cujas vozes eu adorava fazer circular. Pois não era sobre isso que eles me falavam, na maior parte do tempo, ao longo de conversas que tive com eles nos últimos trinta anos, aproximadamente. Também não era sobre isso que falavam os mediadores culturais com quem conversei, que trabalhavam com a literatura e a arte em contextos críticos. Não era isso que eles notavam. Ou melhor, isso era secundário em relação às mudanças muito mais profundas que eles observavam.

Esses leitores nunca me disseram: "Graças aos livros que liam para mim quando eu era criança, obtive melhores resultados na escola, tornei-me mais hábil no manejo da língua, isso me permitiu expandir meu vocabulário, eu me adaptei ao mundo do trabalho". Eles tampouco me disseram: "Graças às histórias que minha avó contava, partilhei uma cultura comum, tornei-me um cidadão melhor, mais empático", ou nem sei mais o quê.

Não. O que muitos recordam, o que lhes pareceu mais importante, essencial, foi o fato de essas leituras abrirem outra dimensão: "A cada noite, um mundo paralelo nascia na voz da minha mãe", disse uma mulher. "Eu descobria que havia algo mais, outro mundo", disse-me um jovem. Ou ainda: "Antes de tudo, os livros construíam outro universo, que podia ser habitado". O que vai ao encontro do que diz Djaïli Amadou Amal:

> "E então, eis que um dia, brincando com outras crianças na casa de amigas da minha mãe, descobri um livro. E a leitura se tornou a chave da minha existência. Eu não sei nem seu título, nem seu autor. Era provavelmente um livro para crianças, pois falava de uma floresta encantada povoada por fadas, em alguma parte da Irlanda. Tudo que lembro é que, no segundo em que o abri, ele me tragou e me levou para outra dimensão."[192]

Graças a essa outra dimensão, o espaço se tornara expandido, arejado. Por meio de textos lidos ou escutados, mas também por meio de ilustrações, eles haviam descoberto um mundo paralelo, invisível, mais vasto, mais intenso e que, no entanto, os ancorava mais no mundo real quando retornavam a ele, e lhes dava forças para afrontá-lo, transformá-lo.

Talvez a literatura sirva, acima de tudo, para dar espaço, para além do aqui e agora, para abrir um outro lugar, responder a um desejo pelo desconhecido. Pois todos os seres humanos precisam de espaços imaginados, sonhados. Desde tempos imemoriais, eles aspiraram a expandir seu horizonte, a aventurar-se em terras e mares longínquos. Pensemos na-

---

[192] "Eu não teria chegado lá se...", *Le Monde*, 7/3/2021.

queles ancestrais muito distantes, em alguma parte da Oceania, que sabemos que partiram em canoas para explorar lugares invisíveis desde a costa de onde haviam partido. Talvez isso ainda esteja no coração do que buscamos nos livros. Albert Camus observara algo similar acerca da biblioteca municipal que frequentava quando garoto: "O conteúdo dos livros, no fundo, importava pouco. O que importava era o que as crianças sentiam ao entrarem na biblioteca, onde viam não as paredes de livros pretos, mas um espaço e horizontes múltiplos que, a partir do momento em que cruzavam a porta, as sequestravam da vida estreita do bairro".[193] Também foi isso que escutei dos jovens nas bibliotecas dos bairros populares: "Eu descobri que existia um outro mundo...", "apesar de tudo, havia algo mais...". Havia algo mais, que estava além, então podíamos tentar modificar o destino. Nada estava definitivamente fechado para sempre.

Stéphane Hessel dizia que "nós nunca nos reduzimos ao que é, nós sempre podemos pensar no que poderia ser, imaginar, criar alguma coisa...".[194] Para ele, a cultura é o resultado de uma curiosidade humana, de uma forma de dizer às pessoas: "Vão mais longe, vão a outros lugares; não permaneçam enquadrados como estão. Tenham imaginação, mesmo violenta, se preciso for...".[195]

Os leitores mencionam outro espaço, outro tempo, desacelerado. E eles se lembram de palavras encontradas em livros que lhes permitiram dizer o que eles tinham de mais secreto, de mais indizível. Palavras que, finalmente, estavam

---

[193] Albert Camus, *Le Premier homme*, Paris, Gallimard, 1994, pp. 224-9 [ed. bras.: *O primeiro homem*, Rio de Janeiro, Record, 2022].

[194] Entrevista por Nicolas Roméas publicada em *Cassandre/Horschamp* e *L'Obs avec Rue 89*, 30/3/2013; disponível em <https://www.nouvelobs.com/rue89/rue89-rue89-culture/20130330.RUE5143/stephane-hessel-les-hommes-ont-besoin-de-la-culture.html>.

[195] *Idem.*

à altura do que haviam vivido, que reanimavam suas experiências, as explicitavam e as transformavam. Emoções tornavam-se pensáveis, a vida adquiria sentido. Eles falam dos pensamentos que tiveram, de um olhar modificado para si mesmos e para a realidade no entorno. Devaneios nos quais foram lançados. Às vezes, falam sobre conversas que tiveram depois de ler um livro ou descobrir algo novo nas artes, e sobre como seus relacionamentos com as pessoas ao redor se apaziguaram um pouco. De modo mais geral, lembram-se de momentos de graça, de sintonia com o mundo em que sentiam que as coisas, e eles próprios, simplesmente "se encaixavam". E aqui penso no que Jean-Marie Schaeffer escreveu, em *Experiência estética*:

> "Em todas as culturas, os humanos souberam tirar proveito de um conjunto de recursos mentais cuja gênese remonta à própria história da vida, para organizar experiências (intermitentes) que dão origem a ilhas de transparência onde tudo parece se encaixar, de modo simples e natural, já não deixando espaço, momentaneamente, para qualquer questão ou preocupação. É o acesso a esses momentos de imanência feliz que, no Ocidente, costumamos (há três séculos) designar pelo termo 'estética'."[196]

Em outras palavras, os leitores e leitoras que eu mencionava fazem referência a uma necessidade antropológica, a de uma outra dimensão graças à qual a vida psíquica pode se desenvolver, se dizer, se transformar, e o mundo interior adquire uma forma mais habitável. Uma dimensão que permite em seguida voltar ao mundo que chamamos de "real" sentindo-se um pouco menos perdido. E isso, graças a uma lín-

---

[196] *L'Expérience esthétique, op. cit.*, p. 310.

gua que não é reduzida a uma dimensão utilitária, mas que é dotada de qualidades estéticas, de um ritmo, de metáforas, de uma construção surpreendente.

Uma história contada à noite, um belo livro ilustrado quando somos crianças, um livro bonito (e, às vezes, um livro que nem é tão bonito assim) trazem tudo isso. Um outro espaço, um outro tempo, uma outra língua em que descobrimos outro olhar para os seres, os lugares, as coisas e o mundo, e onde nossos desejos se reanimam.

DESPERTAR AS BELAS ADORMECIDAS QUE ESTÃO EM NÓS

Alguém falou sobre essas escapadas que nos revitalizam, que nos permitem redescobrir nossos sonhos, e foi Gustavo Martín Garzo (que, decididamente, se faz bastante presente neste livro). Ele não é apenas um escritor, mas também um psicólogo de crianças que escutou e observou com muita sensibilidade. Refletindo sobre sua própria infância, ele contou numa entrevista que seu verdadeiro mundo era o dos devaneios, que não são os sonhos de quem está dormindo, mas de quem está acordado. Em várias ocasiões, ele retorna a esse despertar, por exemplo, ao comentar *A bela adormecida*:

> "Há quem critique muito esse conto, por fazer dele uma interpretação literal e considerar que ele representa uma mulher passiva que espera a chegada de um príncipe que a despertará do seu sono. Mas há também um aspecto simbólico, e essa princesa representa nossa vida adormecida; em outras palavras, em cada um de nós há uma bela adormecida esperando para ser despertada em razão dos acontecimentos da vida. Os psicanalistas falariam do inconsciente, do mundo dos sonhos, do que não foi vivido, do que desejamos, mas não con-

seguimos realizar... O mundo do que é inconfessável, dos segredos. Tudo isso está em nossa vida, resta querer dar importância, abrir espaço para que apareça. Se não o fazemos, nossa vida se empobrece. Renunciar a isso, seria renunciar à nossa vitalidade."[197]

O príncipe é o leitor ou a leitora que se debruça sobre as páginas do livro e acorda as palavras que ali estavam adormecidas. Porém, ao ler, o príncipe também reanima regiões de si próprio em que ele é pleno de desejos não realizados e vitalidade. E "restabelece o reino da possibilidade".[198] Pois essas vidas adormecidas às quais havíamos renunciado para nos submeter ao "princípio de realidade" dão um jeito de voltar, assim como voltam as crianças que um dia fomos. Martín Garzo, novamente: "Elas voltam quando lemos um livro ou escutamos uma canção. Voltam quando amamos alguém, quando brincamos com nossos filhos, quando buscamos a companhia dos animais. Elas voltam em nossos sonhos. Representam tudo o que vive para além das fronteiras de nossa razão, tudo o que somos e que não entra na realidade".[199]

Segundo ele, o que nos levaria aos livros seria o desejo de alcançar essa vida não vivida, de reanimar e transformar nossa vida em "algo de belo e eterno".[200] Eu não resisto ao prazer de citar mais algumas linhas de um texto que tem por título *Um lugar para viver*:

---

[197] Entrevista publicada em *Noticias de Navarra*, 2/2/2020; disponível em <https://www.noticiasdenavarra.com/cultura/2016/04/21/humano-necesita-ficciones-constantemente/578266.html>.

[198] *Una casa de palabras*, op. cit., p. 39.

[199] "La pregunta por la realidad", *El País*, Madri, 15/3/2015.

[200] *Una casa de palabras*, op. cit.

"O bosque enfeitiçado bem que poderia se confundir com o mundo dos livros. Quando lemos, escolhemos visitar esse bosque onde tudo pode acontecer. Lá nos esperam veredas misteriosas, as seduções dos desejos, as metamorfoses, as sábias mentiras de amor. Essa vida adormecida que se encontra em cada um de nós e que apenas o encanto da literatura, como a flor mágica de Puck,[201] pode revelar. O tempo da leitura é o tempo do *kairós* grego, com seus momentos singulares e suas revelações."[202]

Martín Garzo não é o único a considerar essa possibilidade de, graças à leitura das obras literárias, despertar em cada vida adormecida possíveis desejos, e reencontrar assim nossa vitalidade. Antes dele, André Gide havia observado que alguns livros — ou algumas frases, certas palavras de um livro — se incorporam a nós. Sua potência, ele dizia, "vem do simples fato de ela me revelar uma parte de mim mesmo que eu desconhecia" (no sentido que costumávamos usar o termo "revelar" no tempo da fotografia analógica). E Gide continua: "Quantas princesas adormecidas carregamos em nós, ignoradas, esperando que uma palavra as despertasse!".[203] Mas também se trata daquilo que jovens leitores dizem ter encontrado, graças aos livros: "Afinal, havia algo mais" — o mundo não estava fechado, tudo podia acontecer, portanto, poderíamos nos tornar outra coisa.

---

[201] Puck é personagem fundamental na trama da peça *Sonho de uma noite de verão*, de William Shakespeare. Trata-se de um espírito travesso que, graças a uma flor mágica, tem o poder de fazer com que uma pessoa se apaixone pela primeira coisa que vê ao acordar. (N. da T.)

[202] "Un lugar donde vivir", *El País*, 1/7/2012; disponível em <https://elpais.com/elpais/2012/06/11/opinion/1339410688_870357.html>.

[203] *Conférence sur la lecture*, citada por Pierre Lepape, *Le Monde*, 15/10/1999.

Possíveis

Essa capacidade que a literatura tem de revelar desejos, regiões de nós mesmos que estavam adormecidas e, assim fazendo, de reencontrar a possibilidade, a imaginação de um futuro, ainda é o que os mediadores culturais observam, muito concretamente, nos ateliês e oficinas que animam, particularmente em contextos críticos.

É o caso de Sarah Hirschman que, desde 1972, desenvolve um programa fundado nas leituras de contos em voz alta e em debates com pessoas que nunca tiveram acesso à literatura. Anteriormente, ela havia participado de um seminário ministrado por Paulo Freire. E foi nos Estados Unidos que ela começou a propor esse programa aos migrantes. Até aquele momento, a única possibilidade que lhes havia sido oferecida fora a de engolir conhecimentos imediatamente "úteis" em que a velocidade era o que contava: "O objetivo era fazer com que os estudantes passassem nos exames o mais rápido possível, para receber os certificados pelos quais todos esperam e que serviriam para melhorar a posição deles no mercado de trabalho"[204] — a "adaptação", novamente ela. Hirschman percebe que muitos conhecimentos não estavam sendo levados em conta por essas avaliações que mediam a formação dos migrantes, e se questiona: "Essas vozes que foram caladas poderiam se expressar em voz alta e aumentar a autoestima por si mesmas? Uma energia nova poderia ser liberada mediante a participação ativa numa atividade na qual novos conhecimentos são reconectados à experiência de vida? Existiria um espaço favorável a uma tal abertura?".

Ela vai criar esse espaço que assume a forma de debates em que os migrantes escutam contos e os discutem, sendo ela

---

[204] Sarah Hirschman compartilhou sua experiência em *Gente y cuentos: a quién pertenece la literatura?*, México, Fondo de Cultura Económica, 2009.

própria a mediadora. No início, ela trabalha com um grupo de mulheres latino-americanas num bairro popular em Massachusetts. Ela lê um conto de Gabriel García Márquez que rapidamente lhes traz à memória expressões, usos de linguagem da infância daquelas mulheres, mas também suas próprias experiências de vida, "como se o conto iluminasse regiões até então apagadas nelas próprias".[205] E reencontramos as belas adormecidas.

Em outros contextos, Sarah Hirschman faz uma experiência com contos de outras culturas, que também conseguem iluminar lembranças e coisas vividas, e abrir novos horizontes: "eles [os participantes] transgrediam os limites dos espaços distantes [e aqui, aparecem novamente os espaços, os lugares distantes, o longínquo], apropriando-se deles, e recebiam uma educação que os ajudaria a ter acesso a futuros empregos, mas, sobretudo, que era uma educação para a vida, para adquirir mais possibilidades, mais palavras com as quais reivindicar seus direitos como cidadãos e cidadãs". Os textos lidos também eram excelentes suportes para que muita coisa circulasse no grupo.

Ao longo de mais de trinta anos, Sarah Hirschman propôs esses espaços de diálogo nos Estados Unidos, na França, na Colômbia, na Argentina e em outros países da América Latina. Ela desenvolveu uma "arte da pergunta", buscando nos textos de grandes autores trechos, imagens e palavras que facilitassem a apropriação, a relação com a experiência vivida e a imaginação, de modo que cada pessoa pudesse colocar seu universo de experiências pessoais à disposição do grupo. E ela observou como "aconteceu muito mais do que o previsto", do que o esperado.

Embora a maioria dos mediadores culturais que trabalham em contextos críticos não esteja familiarizada com o

---

[205] Como ressalta Patricia Carballal Miñan, que me apresentou o livro de Hirschman.

"Somos feitos da mesma matéria que os sonhos"

trabalho de Sarah Hirschman, muitas vezes eles fazem observações semelhantes nas oficinas culturais que realizam, como, por exemplo, a psicóloga educacional Silvia Schlemenson, que na Argentina trabalhou com mulheres em situação de extrema pobreza.[206] Ela se reuniu com elas e com uma contadora de histórias profissional, o que lhes deu oportunidade para redescobrir canções, lendas e contos da infância esquecidos, e inventar outros com prazer, mas também relembrar os medos da infância e as relações que as ligavam a seus entes queridos. Elas puderam falar sobre as situações felizes ou dolorosas que vivenciaram com seus bebês, e, gradualmente, conseguiram ter trocas emocionais e simbólicas mais ricas com eles.

A CULTURA, SONHO DIÁRIO DA HUMANIDADE

"Antes de uma criança falar, ela canta. Antes de saber escrever, ela desenha. Mal fica de pé, e já dança. A arte é a base da expressão humana."[207] Essas frases que têm circulado nas redes sociais seriam de uma atriz, Phylicia Rashãd. Eu não sei se os créditos estão corretos, mas a observação é bela e precisa. Antes de uma criança falar, ela dança, é isso que psicolinguistas, como Evelio Cabrejo Parra, nos lembram a todo momento: em todas as culturas, aprendemos antes a música da língua, sua prosódia, que não se ensina, transmite-se.

No devir do pequeno humano, a palavra vale por suas modulações, seu ritmo, seu canto, desde a gestação. Antes de ser sensível às sílabas, o bebê é sensível à melodia da voz.

---

[206] Silvia Schlemenson (org.), *El placer de criar, la riqueza de pensar*, *op. cit.*

[207] "Before a child talks they sing. Before they write they draw. As soon as they stand they dance. Art is fundamental to human expression."

Como vimos acima, o pouco que se sabe a respeito da origem da língua incita a pensar que, antes da língua, havia o canto, o cantado. E Jean-Christophe Bailly fala de uma "dimensão fundamental da linguagem, que não é apenas de comunicação ou de designação, mas de canto, isto é, de um acompanhamento do mundo".[208]

Bailly também diz que "há um resíduo de dança em todo gesto".[209] Então, no início era o canto, no início era a dança e, como dizia Pina Bausch: "Dancem, dancem, senão estamos perdidos". Dancem, cantem, contem histórias, leiam, desenhem, o que quiserem, e tudo ao mesmo tempo, se quiserem. Claro, algumas pessoas, algumas categorias sociais, alguns indivíduos se sentem mais ligados a essa ou àquela prática cultural, mas os seres humanos precisam de uma dimensão poética, narrativa, ficcional, não para "elevar o espírito", mas para sonhar o mundo, para habitá-lo, entrar de tempos em tempos em harmonia, no sentido musical do termo, com o que os rodeia.

Comecei fazendo menção à Amazônia devastada e me voltam à memória as palavras de Davi Kopenawa, esse xamã yanomami que diz: "os brancos destroem a floresta porque não sabem sonhar. Se os brancos pudessem, como nós, escutar outras palavras que não as da mercadoria, eles saberiam se mostrar generosos em relação a nós".[210] Lembro-me também de outras palavras, as de um ancião do povo wurundjeri na Austrália, sobre o rio Murray devastado pela industrialização:

---

[208] *L'Élargissement du poème*, *op. cit.*, p. 199.

[209] *Passer définir connecter infinir*, Paris, Argol, 2014, p. 109.

[210] Davi Kopenawa e Bruce Albert, *La Chute du ciel: paroles d'un chaman yanomami*, Paris, Plon/Terre Humaine, 2010 [ed. bras.: *A queda do céu*, São Paulo, Companhia das Letras, 2015].

"Qualquer dia desses os agricultores serão obrigados a reconhecer que a destruição do rio penaliza todos nós. Mas como lhes dizer isso? É uma mentalidade. Quando eles veem chegando do rio um grande fluxo de água, imediatamente se perguntam qual quantidade drenar, qual lucro é possível extrair disso. Em vez de dizerem: já faz tanto tempo! — e se sentarem para contemplá-lo."[211]

Atacar a Amazônia — que deve seu nome aos mitos guerreiros da Antiguidade —, atacar os rios ou o céu estrelado desejando enviar satélites publicitários, atacar a literatura, a arte reflete também o desejo de aniquilar os sonhos, de querer controlá-los. O desejo de destruir toda forma de um mais-além. Se essas informações nos causam sofrimento, não é apenas porque sabemos que o desmatamento ameaça a vida de todos os povos, e a nossa própria. Também é porque caminhamos sobre nossos sonhos, para falar como Yeats, e sobre esses lugares longínquos de que tanto precisamos. Concordo de bom grado com Alessandro Pignocchi, quando ele diz:

"É uma afirmação empírica gratuita que precisa ser verificada, mas penso que todos os povos do mundo produziram representações de um outro lugar a seu modo, de acordo com sua cosmologia. E creio que essa é uma necessidade fundamental do espírito humano — saber que há uma possibilidade de escapar. Mais uma vez, subestimamos amplamente os males causados por esse desaparecimento de toda forma de lugar-outro de existência outra. O mais impressionante dentre eles, mas

---

[211] Citado por Emmelene Landon em *La Baie de la rencontre*, Paris, Gallimard, pp. 86-7.

que está longe de ser o único, é o surgimento do Estado Islâmico."[212]

Isso mostra como é importante proteger os momentos de partilha poética para manter vivos os sonhos. O professor brasileiro Antonio Candido lembrava que não existe povo ou ser humano que possa viver, no cotidiano, sem uma dimensão poética, ficcional ou dramática. Para ele, isso era algo que deveria voltar como um *ritmo* vital, uma pontuação. E ele aproximava a literatura do sonho:

> "Assim como todos sonham todas as noites, ninguém é capaz de passar 24 horas do dia sem alguns momentos de entrega ao universo fabulado. O sonho assegura durante o sono a presença indispensável desse universo, independentemente da nossa vontade. E durante a vigília, a criação ficcional ou poética, que é a mola da literatura em todos os seus níveis e modalidades, está presente em cada um de nós, analfabeto ou erudito, como anedota, causo, história em quadrinhos, noticiário policial, canção popular..."[213]

Desse modo, a literatura, entendida em seu sentido amplo, correspondia, para ele, a "uma necessidade universal, que precisa ser satisfeita e cuja satisfação constitui um direito".

Sim, há na literatura algo de que precisamos todos os dias, como precisamos do sonho. Sabemos que é mais cruel privar alguém de sono do que de comida. Noite após noite,

---

[212] Entrevista com Alessandro Pignocchi em *L'Autre Quotidien*, 17/3/2018; disponível em <https://www.lautrequotidien.fr/articles/2018/3/17/le-rensauvagement-contre-point-radical-notre-monde-unifi-un-entretien-avec-alessandro-pignocchi>.

[213] "O direito a literatura" (1988), in *Vários escritos*, São Paulo, Todavia, 2023.

precisamos dormir e sonhar, ainda que não lembremos de nada na manhã seguinte. Grandes psicanalistas viram no sonho uma fonte ignorada do pensamento. Mas para eles, essa atividade do sonho, indispensável ao pensamento, não é unicamente noturna, também é diurna. Na esteira desse pensamento, Leopoldo Nosek afirma que as construções estéticas e culturais são o sonho *cotidiano* da humanidade e que sua ausência nos destrói. A cultura, no sentido amplo, diz ele, tem "a função do sonho que nos humaniza, e preenche nossa vida de significação e sentido". Contudo, se o sonho é uma criação que só faz sentido para quem o sonhou, e se for decifrado — pelo menos em nossas sociedades —, a obra literária e a obra de arte são singulares, mas ao mesmo tempo partilháveis.

A condição é que alguém tenha tornado sua apropriação desejável por meio de toda uma arte de fazer.

5.
A BIBLIOTECA COMO JARDIM

> "Fora do jardim, pedimos à sociedade humana que suspenda um sonho para defender uma posição social, ou simplesmente para existir. No interior do jardim, o assédio existencial se dissipa, já não importa saber que direção tomar e por qual regra de conduta pautar os gestos e olhares; já não importa se ajustar a uma pretensa modernidade; é inútil impressionar todos mediante uma performance qualquer, num espírito empresarial de competitividade; no jardim, basta *existir*, e isso requer silêncio."[214]
>
> Gilles Clément

"Mais do que um espaço para cultivar o futuro, a biblioteca é um jardim para desfrutar do presente." Essa frase de Daniel Goldin me remeteu a uma lembrança, uma pequena biblioteca que me encantava, em Bogotá, na Colômbia, quando eu tinha treze ou quatorze anos. Suas janelas de vidro davam para pátios, e víamos flores tropicais em meio aos livros. Sentada no chão, eu folheava as coleções da *National Geographic Magazine*, deslumbrada diante de fotografias que me apresentavam um mundo natural desconhecido e fascinante.

Mais tarde, deparei-me com uma dúvida: talvez a minha lembrança estivesse errada, talvez aqueles pátios fossem a metáfora do mundo interior das pessoas que frequentavam aquele lugar, o tempo de sua permanência em meio aos livros.

---

[214] Aula inaugural no Collège de France, *op. cit.*

Pois, quando regiões inteiras do país, do mundo em que vivemos, estão em guerra, a biblioteca é, para cada um de nós, o jardim interior preservado.

Quando ouvi falar de pessoas de todas as idades que frequentavam bibliotecas, rapidamente me dei conta de que elas não estavam apenas buscando materiais para ajudá-las a se adaptar a todas as exigências da escola ou de suas profissões. Elas também estavam tentando proteger um jardim. O "inútil essencial", diria Calaferte. Ou ainda, um "lugar para se perder", como disse um jovem: "Uma biblioteca é de fato um lugar onde podemos nos demorar com prazer. É um lugar para se perder, sendo que, geralmente, ela é considerada um lugar sobretudo de eficiência". Talvez essas pessoas buscassem algo que lhes permitisse entrar em sintonia, ao menos de tempos em tempos, com o mundo que ali se apresentava — assim como eu tive a sensação de estar exatamente onde deveria, diante das selvas e cascatas da *National Geographic Magazine*.

As bibliotecas são jardins que se abrem para esse lugar--além de que tanto precisamos. Algumas também são, atualmente, verdadeiros laboratórios onde se inventam, diariamente, novas formas de fazer sociedade. Porém esses experimentos são invisíveis, nunca ouvimos falar deles fora dos círculos especializados — e isso não é novidade: o que é vivenciado nas bibliotecas sempre foi amplamente desconhecido, independentemente da forma que elas assumiram ao longo do tempo. Isso era compreensível quando o que lá se passava permanecia oculto aos olhares alheios. Mas esse já não é o caso.

DUAS BIBLIOTECAS DE HOJE

Visitemos duas bibliotecas de hoje. Comecemos por Paris, no bairro de La Reunión, popular e multicultural. A Biblioteca Louise Michel está aberta desde 2011.[215] É um prédio de tijolos cinza, com grandes janelas. Da rua, o interior é bastante visível: o olhar é atraído pelas paredes vermelhas, violeta ou verde-anis, móveis minimalistas e confortáveis, e um pequeno jardim que dá para a rua. Como explica a diretora, Hélène Certain, a arquiteta escutou moradores do bairro e bibliotecários: "Por exemplo, foram os moradores que pediram para mudar a cor externa inicialmente prevista para os tijolos. Da mesma forma, os bibliotecários conseguiram que as paredes internas da midiateca fossem vermelhas, e não brancas [...]. Queríamos que ela parecesse com uma grande casa, cheia de livros, claro, mais do que uma instituição".[216]

Do exterior, vê-se muito pouco das prateleiras recuadas ao longo das paredes. E nos perguntamos se estamos diante de um café, de um salão ou de uma casa. "Nossa vontade era despertar a curiosidade dos pedestres, para que tivessem o desejo de abrir a porta. E é aí que eles nos perguntam onde estão. Há um efeito real de surpresa", diz Blandine Aurenche, que há alguns anos concebeu esse espaço onde todos recebem uma acolhida personalizada. Às vezes, até chá de hortelã ou café é oferecido.

É uma biblioteca de bairro, com aproximadamente 750 metros quadrados, que oferece "milhares de livros, quadrinhos, filmes (e séries), música, jogos, kapla,[217] café, um jardim, bolos, um terraço, bibliotecários simpáticos, tudo o que se precisa para tricotar, desenhar, aprontar, criar, se divertir..., e um *tutotek* em que as pessoas podem postar vídeos para

---

[215] Ver Hélène Certain, "Bibliothèque familiale et familière", *Bulletin des Bibliothèques de France*, nº 2, 2013; disponível em <http://bbf.enssib.fr/consulter/bbf-2013-02-0060-009>.

[216] Entrevista com Hélène Certain, *Lecture Jeunesse*; disponível em <http://www.lecturejeunesse.org/articles/la-bibliotheque-louise-michel-2/>.

[217] Jogo de peças de montar de madeira.

A biblioteca como jardim

compartilhar seus talentos com outros usuários".[218] É possível encontrar CDs e videogames, pegar Kindles emprestados. Ou, simplesmente, se reunir apenas para conversar, beber, comer, jogar xadrez... viver. Participar de discussões em cafés, clubes de leitura, oficinas de culinária ou tricô, noitadas de *thrillers*, encenações, concertos de música italiana ou grega, caça ao tesouro para explorar a vizinhança. Às vezes, até dançar. As atividades estão sempre se renovando, especialmente porque os visitantes são convidados a sugerir novas atividades. Alguns deles cuidam do jardim com as crianças. Mas se alguém precisar de um pouco de silêncio, há no primeiro andar uma sala reservada onde, se o visitante quiser, alguém o ajudará a fazer seus deveres de casa ou suas pesquisas.

Observemos ainda que há muito espaço dedicado às crianças pequenas e seus pais em torno de dois grandes tapetes, voltados para o jardim, com espreguiçadeiras para bebês, um trocador de fraldas, um aquecedor de mamadeiras e uma sala para carrinhos de bebê. Desde a abertura da biblioteca, momentos de leitura em voz alta foram regularmente proporcionados, pois Blandine Aurenche ficou muito tocada com a associação ACCES, que há quarenta anos disponibiliza livros para crianças pequenas e suas famílias em locais economicamente desfavorecidos, dando prioridade a leituras individuais em pequenos grupos.

"Acolher as crianças tem sido o cerne do nosso projeto desde o início", explica Hélène Certain. "Do nosso tempo, 60% é dedicado a isso, o que nos permite estar disponíveis e ter mais horas para conhecer as pessoas..." Nos últimos anos, uma atenção especial foi dada ao acolhimento de refugiados, especialmente menores desacompanhados. A biblioteca oferece aulas de francês e oficinas de conversação, ajuda

---

[218] *Bibliomix*, 23/1/2017; disponível em <http://bibliomix.etrange-ordinaire.fr/index.php/2017/01/23/la-tutotek-de-louise-michel/>.

na tradução de documentos administrativos, organiza tardes festivas e solidárias e propõe a criação de murais ou retratos com palavras e imagens, com a ajuda de ilustradores.

Sobre essa biblioteca, uma mulher comentou: "Gostaríamos de morar lá". Ela não é a única, e os profissionais, que recebem 550 pessoas por dia, são um pouco vítimas de seu próprio sucesso. Cansados, mas felizes. No entanto, às vezes eles têm que lidar com agressões, como na ocasião em que *drag queens* leram histórias, o que suscitou ataques sórdidos por parte de grupos de extrema-direita.

Esse lugar foi sonhado, pensado por alguém, Blandine Aurenche, uma bibliotecária de longa data que muito observou, ouviu e pensou ao longo dos anos. Para projetar a biblioteca, ela visitou uma série de lugares que ofereciam tanto convívio quanto intimidade: livrarias, cafés, halls de hotéis. Ela deixou que o projeto crescesse dentro dela da mesma forma que uma mulher sonha com seu filho que ainda não nasceu ou um homem sonha com seu filho que está por vir, para imaginar seu caminho no mundo.

Meu segundo exemplo é a Biblioteca Vasconcelos, na Cidade do México. Aqui mudamos de tamanho: um edifício de 275 metros de comprimento e seis andares de altura. No meio, suspenso, nada menos que um esqueleto de baleia decorado. Aqui também há um jardim, mas ele ocupa 26 mil metros quadrados. Durante anos, a biblioteca foi uma bela adormecida, com seis diretores em sete anos e uma série de problemas. Então um novo diretor, Daniel Goldin, foi nomeado em 2013, e ele soube fazer as coisas com arte, delicadeza e hospitalidade. Ele havia sido por muito tempo editor de belos livros infantis, além de publicar artigos sobre leitura. Ele disse que estava se preparando para essa responsabilidade há vinte anos: vinte anos... e um novo olhar, atento ao público e disposto a repensar toda a situação, aproveitando o que havia aprendido com as pesquisas sobre bibliotecas e leitura que havia publicado ou, de forma mais ampla, com o seu trabalho de editor. Por exemplo, ao publicar livros infantis, ele refletia muito sobre a hospitalidade, que, segundo ele, é "a arte de fazer com que os outros se sintam em casa quando não estão". Ele também diz que "a hospitalidade tem a ver com o diálogo, com a capacidade de construir um espaço *com o outro*".[219]

Ao chegar à Biblioteca Vasconcelos, ele começou observando as pessoas e escutando-as. Nas primeiras semanas, caminhou pela biblioteca todos os dias com sua máquina fotográfica que o obrigava a fazer registros, a olhar com mais atenção, observar, reparar, e conversou com quem se encontrava ali. Às vezes ele me escrevia para contar suas descobertas:

> "Sábado, conversei com cerca de quinze usuários da biblioteca, discussões informais com crianças, jovens, idosos, homens e mulheres. Nenhum deles mora perto, mas todos são muito assíduos. Eles vêm em busca de paz, porque sentem prazer em estar aqui, pelos motivos mais diversos... Eu não paro de me surpreender, é tão distante do que ouço de funcionários que falam sobre a pauta de livros e bibliotecas. Isso é tão importante, permite compreender o sentido de 'habitar'."

E dá um exemplo:

> "... vi jovens dançarinos que vinham preparar suas coreografias nos pátios. Eles vinham à biblioteca pelo simples fato de poderem se ver refletidos nas janelas de vidro e colocar música sem que ninguém os incomodasse. Kalach, o arquiteto, está muito feliz por ter instalado essas grandes janelas de vidro. Ele não tinha imaginado,

---

[219] Entrevista a Pablo Espinosa, Fundación La Fuente, 11/1/2013; disponível em <http://www.fundacionlafuente.cl/daniel-goldin-editor-de-oceano-travesia/>.

nem por um instante sequer, que elas poderiam servir para isso."

Goldin contou que também havia "conhecido um misterioso grupo de vendedores de café que, após o dia de trabalho, se encontravam para conversar. Então ele lhes propôs 'criar uma ágora para debater sobre o tema do café utilizando os livros da biblioteca que falavam sobre o assunto'".[220] Ele também conheceu um grupo de jovens que vão à biblioteca para encontrar livros de desenhos nos quais eles se inspiram para fazer tatuagens. Ou um transgênero que usa a biblioteca como refúgio porque perdeu seu trabalho num *call center* e que é cinéfilo. Essas são algumas das muitas histórias que ele escutou nessa "extraordinária diversidade que coabita sob a proteção do livro, sejam eles lidos ou não", diz ele. "Tudo isso é ouro, e é tão fácil fazê-lo brilhar. O que mais me comove é ver como, de repente, as pessoas descobrem que a própria vida faz sentido, que tem um valor. Que elas não são um público, mas atores, sujeitos..."

TODO MUNDO TEM UMA HISTÓRIA PARA CONTAR

Pouco depois de sua chegada, ele planejou um evento para lançar um modelo de biblioteca capaz de tornar as pessoas mais protagonistas da própria vida. Para comemorar o que é conhecido em muitos países como o Dia da Criança, ele queria que a Vasconcelos fosse o local escolhido para uma série de "minieventos":

---

[220] Pablo de Llano, "Punks, canciones coreanas, astrónomos y demás en la Biblioteca Vasconcelos del DF", *El País*, 27/4/2013; disponível em <http://cultura.elpais.com/cultura/2013/04/27/actualidad/1367023181_182441.html>.

A biblioteca como jardim

"[...] de atividades culturais e científicas a cargo de diversas pessoas que ofereceriam um pouco de tudo: autores conhecidos (e desconhecidos também), poetas consagrados (e outros que ignoramos), cientistas (das 'ciências duras', mas também das sociais), atores, diretores e fotógrafos, músicos (clássicos, de rock, *mariachi*, de música oriental, intérpretes e compositores), entomologistas e biólogos marinhos, jardineiros e ecologistas, historiadores e testemunhas da história, cegos, surdos e videntes. Também os esportistas, os atletas e os preguiçosos de carteirinha, os cozinheiros e os comilões compulsivos, feiticeiros, mágicos e muitos outros."

Cerca da quinhentas a seiscentas pessoas espalhadas pela biblioteca e pelo jardim que proporcionaram a pequenos grupos de crianças uma experiência cultural de cinco a quinze minutos a partir de alguma coisa que, para eles, era importante, no intuito de despertar a curiosidade.

Depois Goldin lançou, com Ramón Salaberria, a "biblioteca humana", que também foi fundada com base na ideia de que todo mundo tem algo a oferecer, uma história para contar.[221] Ela foi inspirada no que se fazia há muitos anos na Escandinávia ou em Toronto, no Canadá, onde podíamos tomar alguém "emprestado" para que nos contasse sua vida de imigrante, sua experiência de monge budista, de jornalista ou de avó ativista. É uma proposta que pode ser replicada um pouco por todo lugar e que não necessita de nenhum equipamento especial. Em Vasconcelos, a biblioteca humana foi inaugurada durante a Semana da Igualdade entre os Gêneros. Por exemplo, tivemos a oportunidade de discutir com uma mulher etnicamente mestiça que cria seus filhos sozinha, com um pai homossexual etc. E, como diz Ramón Sa-

---

[221] Cf. *Biblioteca humana en la Vasconcelos*, 2014; disponível em <https://www.youtube.com/watch?v=AJjqW2N1r_I>.

laberria, "facilitar o diálogo entre pessoas que têm poucas oportunidades de se encontrar fora dali contribui para a luta contra os preconceitos que cada um carrega consigo". Outras bibliotecas humanas foram dedicadas às línguas maternas, à luta contra a violência de gênero e contra os terremotos. Todas elas são oportunidades de celebrar a diversidade, não como um slogan, mas na prática; de descobrir que a realidade é bem mais ampla do que parece; de ler de outro modo o país e as pessoas.

A Vasconcelos rapidamente se tornou um lugar "inclusivo", aberto a todos, não importa a origem, o gênero, a deficiência ou a orientação sexual. "Não sei ao certo por que a biblioteca se tornou *gay friendly*", diz Goldin. "Não foi apenas em razão do que fizemos. Vejo o tempo todo casais de homens e de mulheres que se beijam e muitos não conhecem nossos programas sobre as questões de gênero. [...] Às vezes recebo críticas, um senhor me disse que um dia chegaria alguém com uma pistola para matar gays." Esse tipo de comentário não parece afetá-lo muito, e ele continua: "Precisaríamos, para além do *gay friendly*, começar a falar sobre a violência contra as mulheres. O *outro* começa aí. E nesse aspecto, fizemos muito. A ideia não é promover uma semana especial de tempos em tempos, mas alguma coisa que entre no cotidiano". Alguma coisa que também implique explorar outras formas de masculinidade, outras formas de se comportar quando se é homem, fora do machismo e da violência, particularmente nas oficinas intituladas *De machos a hombres*. Ainda que mediante o risco de suscitar reações hostis nas redes, bem sabemos.

É impossível elencar com detalhes as múltiplas atividades gratuitas realizadas na Vasconcelos: leitura em voz alta da *Odisseia*, café científico, oficina de fotografia, de desenho ou de escrita autobiográfica ("Minha vida é um romance"), histórias do bairro, sala de música, língua de sinais, tricô coletivo de cobertores para os moradores de rua da região etc.

A biblioteca como jardim

Quero apenas destacar a importância dada, como na Biblioteca Louise Michel, aos bebês, com um amplo programa de atenção à primeira infância e um certificado concedido ao fim de nove meses. A importância da leitura do mundo, como nesses encontros "Como ler..." em que se aprende a ler um soneto, um haicai, um aforismo, a dança clássica da Índia..., mas também um mangá, uma árvore, o racismo, uma partida de futebol, um rosto, um tecido, o leite materno, mil objetos.

Há também o encontro do jardim, que muito inspirou Daniel a projetos futuros: "Penso que poderíamos oferecer sementes para jardim a cada grupo que vem nos visitar. Poderíamos criar uma zona verde em cada escola com as quais temos parceria".

O que mais chama a atenção é como tudo isso pôde ser feito em tempos de redução orçamentária, pois Goldin rapidamente percebeu que tinha duas opções: passar seu tempo se lamentando porque os recursos prometidos não chegavam nunca ou "aproveitar as possibilidades imensas da pobreza", como ele próprio explicou de modo um pouco provocativo. Para dar apenas um exemplo, ele propôs aos alunos do Conservatório de Música de fazer os ensaios no hall de entrada, várias vezes por mês. E assim foi feito, para a satisfação de todos: os espectadores, os bibliotecários e os jovens músicos, felizes por tocarem em público. Foi assim que muitos descobriram que tinham talento e que podiam compartilhá-lo. E, nessa biblioteca, inventaram-se novas formas de viver junto nas quais todos tinham voz e as relações entre humanos, mas também entre humanos e o mundo ao redor, eram mais serenas. O que, nesses tempos de imensa brutalidade, é de fato notável.

Os resultados foram impressionantes: em seis meses, houve um aumento de 40% no número de visitantes, de 50% nos empréstimos de livros nas salas de leitura e de 256% nas atividades culturais. A Biblioteca Vasconcelos se tornou o lugar cultural mais visitado do México, depois das pirâmides de Teotihuacan e do Museu Nacional de Antropologia. E Goldin tinha uma preocupação: "O que me importa é pensar depois de mim, no que vai ficar, para que tudo isso não dependa da minha presença. É criar uma equipe e uma cultura".

Infelizmente, não bastou criar uma equipe, pois boa parte dela foi desmantelada com a mudança de governo. Quanto a Goldin, ele foi tratado de forma tão grosseira que não pôde senão pedir demissão.[222] Foi algo tão escandaloso que escritores, artistas, pesquisadores, mas também usuários da biblioteca expuseram sua indignação nas mídias e redes sociais. Por muito tempo, pensei que a vantagem das instituições públicas em relação às iniciativas privadas ou associativas fosse a garantia de uma continuidade. Não é o caso quando o nepotismo e o clientelismo prevalecem em detrimento do serviço público.

Esperemos que desses anos fique, como diz Goldin, "uma cultura".

Sermos coautores do que é proposto

Essa biblioteca, como vimos, tinha na escuta o seu principal alicerce. Citemos novamente Goldin:

"Nós, homens do livro, há muito tempo nos preocupamos em transmitir o que sabemos. Falar, escrever e ensinar. Presumimos ingenuamente que o que dizíamos,

---

222 Ver, particularmente, de Alejandro Katz, "Mi amigo Daniel", *Letras Libres*, 7/2/2019; disponível em <https://www.letraslibres.com/mexico/cultura/mi-amigo-daniel>; e de Mauricio Merino, "Marx contra Goldin: el triunfo del aparato", *El Universal*, 4/2/2019; disponível em https://www.eluniversal.com.mx/articulo/mauricio-merino/nacion/marx-contra-goldin-el-triunfo-del-aparato>.

A biblioteca como jardim

fazíamos e escrevíamos moldaria os outros e tornaria o mundo um lugar melhor para todos. Hoje, sabemos que não é esse o caso. [...] Mas não sei se exploramos suficientemente os poderes da escuta [...]. Às vezes, tenho a impressão de que uma quantidade infinita de pessoas — leitores ou não — viveu toda uma vida sem nunca ter sido escutada. Isso é algo que me espanta e me deixa terrivelmente envergonhado."[223]

Na realidade, é uma enorme inversão de perspectiva que está sendo posta em prática — e é uma verdadeira arte de fazer que vai se desenvolvendo, em escalas diferentes, nessas duas bibliotecas mencionadas. Uma arte que é, antes de mais nada, a da atenção e da escuta. Da hospitalidade. Da invenção. Do achado feliz.

A biblioteca é uma caixa de surpresas, diz Goldin, e essa é uma das mais belas definições que já escutei.[224] Na Vasconcelos, durante alguns anos, a mediação cultural foi a arte de criar belas surpresas, sempre renovadas, encontros inesperados que despertam o desejo, o devaneio, o pensamento, as "possibilidades adormecidas que existem numa comunidade e naqueles que a compõem" (Goldin ainda acrescenta: "É como se, de repente, no deserto, florescesse um jardim inesperado").

O que podemos esperar de uma biblioteca? Talvez, antes de mais nada, que ela nos dê esse enquadramento, esse

---

[223] Conversa entre Daniel Goldin Halfon, Michèle Petit e Evelyn Arizpe, "Poverty and Riches in Children's Literature and the Promotion of Reading: Taking Paths Back and Forth Between Latin America and the 'First World'", IRSCL Congress 2017, Keele Campus, York University, Toronto; em *Jeunesse: Young People, Texts, Cultures*, vol. 10, n° 1; disponível em <http://jeunessejournal.ca/index.php/yptc/article/view/441/322>.

[224] Daniel Goldin e Muriel Amar, "La bibliothèque publique, un lieu de l'"écoute radicale'", *op. cit.*

lugar ordenado, tranquilo, onde estamos na companhia de outros que nem mesmo conhecemos e onde sentimos a presença desses livros que "transportam para mais alto e mais longe do que o simples aqui e agora das necessidades", como dizia Laurence Devillairs. Também podemos esperar das bibliotecas que elas nos ofereçam o inesperado. Uma obra diferente daquela que viemos buscar, o sorriso de um bibliotecário ou de alguém que está lendo ao nosso lado, uma conversa numa oficina em que aprendemos algo inusitado, uma música que descobrimos, linhas de um livro esquecido sobre uma mesa, que colocam em palavras algo de nós mesmos que nunca havíamos conseguido verbalizar. E que nos fazem erguer os olhos do livro e olhar de outro modo o mundo ao nosso redor.

Evidentemente, nem todas as bibliotecas são como essas duas que usei de exemplo. Foram muitos os debates no âmbito da profissão, às vezes opondo os defensores da biblioteca como um "terceiro lugar" (esse lugar que não é a casa nem o trabalho e onde as pessoas podem se encontrar, trocar, relaxar) e os defensores de uma abordagem mais tradicional. Michel Melot lembra que nem todas as bibliotecas precisam se encaixar num mesmo modelo. Mas num momento em que a missão desses estabelecimentos precisa ser repensada, temos que ser capazes de liberar, em cada bibliotecário, em cada lugar, o gosto pela observação, pela curiosidade, pela escuta, e a potência de sonhar, criar, imaginar.

Na Biblioteca Louise Michel, assim, como na Vasconcelos, vive-se uma outra relação com o público. Ressaltei muitas vezes a importância da hospitalidade dos bibliotecários, da atenção delicada e acolhedora, da disponibilidade, principalmente com pessoas inicialmente distantes da cultura escrita e dos dispositivos culturais. Mas, hoje, essa qualidade do acolhimento já não basta. Segundo Goldin, é tempo de se perguntar "O que sabem aqueles que não sabem", de dar voz aos saberes escondidos: "Uma biblioteca não deve ser apenas um espaço onde o conhecimento é armazenado e colocado à disposição do público, mas também um lugar onde múltiplas formas de conhecimento são reconhecidas".[225] Como muitos outros, como Blandine Aurenche e Hélène Certain, ele sentiu que agora as pessoas precisavam ser coautoras do que estava sendo proposto, produtoras de conteúdo. Há muitas formas possíveis para isso, praticamente em todo lugar. Nas bibliotecas de Helsinki, por exemplo, podemos pegar emprestado instrumentos musicais, gravar a própria música num estúdio e deixá-la disponível para que outros possam escutá-la. No Brasil, no Centro Cultural Kaffehuset Friele, em Minas Gerais, aconteciam "rodas de conversa" que permitiam à população local contar uma lenda, uma memória ou uma história de sua autoria. Eles se descobriram narradores, portadores de uma cultura, sujeitos capazes de transformar a própria realidade. Por essas vias, tradições ou festas que haviam sido esquecidas foram redescobertas e novos vínculos se teceram no interior do grupo. Em São Bernardo do Campo, SP, moradores registraram suas memórias em "estações de memória" das bibliotecas escolares. Elas podiam então ser consultadas da mesma forma que os bens culturais "universais".

Notemos, a esse respeito, a vocação particular das bibliotecas para recolher e preservar a memória, notadamente nos países que viveram tragédias. Penso novamente no México, onde Goldin me disse: "Certamente organizaremos encontros em torno do tema 'Lembrar, reconstruir e se reconciliar', com um grupo que trabalha em Tijuana", perto da fronteira com os Estados Unidos, lugar de múltiplas tragédias.

---

[225] Conversa entre Daniel Goldin Halfon, Michèle Petit e Evelyn Arizpe, "Poverty and Riches in Children's Literature and the Promotion of Reading", *op. cit.*

CRUZAR AS PRÁTICAS

Por muito tempo lugar de silêncio, as bibliotecas municipais, escolares às vezes, ou associativas, informais, tornaram-se assim, um pouco por toda parte, espaços que acolhem múltiplas formas de oralidade, e talvez tenham mesmo uma vocação singular para isso: elas por acaso não seriam o lugar das milhares de vozes que lá estão, presentes em livros que foram escritos a partir da voz interior de um autor, essa voz que cada leitor faz viver quando lê?

Goldin fala do "círculo virtuoso entre oralidade, leitura e escrita". De fato, a leitura em voz alta e a narração oral são as principais vias de acesso à leitura. Mas a leitura relança a palavra, faz conversar pais e filhos, ou crianças e adolescentes. Ler ou escutar leituras pode também suscitar a escrita, como se vê nas oficinas em que se começa pela leitura de um texto, um fragmento, algumas frases e, de repente, alguém começa a compor seu próprio texto.

As bibliotecas podem ser o lugar por excelência de multiplicação das passagens entre o oral e o escrito, mas também entre a literatura e as artes, entre as artes e as ciências, entre obras clássicas e criações contemporâneas, impressas e virtuais. Escutemos Violaine Kanmacher, responsável pelo Departamento Infantil da Biblioteca Municipal de Lyon Part-Dieu: "Nós somos responsáveis pelos livros, mas também por eventos relacionados à vida cultural das crianças e de suas famílias". Ela priorizou atender às necessidades dos usuários e às diversas parcerias, às atividades que entram em ressonância umas com as outras, encontros, exposições, exibições, concertos, oficinas... Os espaços se tornaram acolhedores, pois "a biblioteca não é unicamente um lugar de passagem. É um lugar agradável onde a troca é possível".[226]

---

[226] Ver Violaine Kanmacher, in *Séminaire sur le développement de*

A biblioteca como jardim

Ela coordenou eventos que davam espaço para a criação contemporânea e as artes digitais, design, *street art*, ilustração, e convidou artistas para criar, em interação com o público, uma cidade imaginária onde cada um poderia traçar o seu próprio caminho. "A exposição é pensada para uma nova geração que deseja ser surpreendida, que não quer ser tratada como uma ovelha que segue um percurso preconcebido [...]. Nós queremos privilegiar a experiência e as emoções, mostrar que a arte se vive com o corpo inteiro."[227]

Configurar uma cidade imaginária na qual cada um possa traçar seu próprio percurso: para além dessa exposição, é também o que vem acontecendo em muitas bibliotecas hoje em dia ou, pelo menos, que tem potencial para acontecer. As bibliotecas têm uma vocação particular para tornar o espaço ao redor mais habitável. A biblioteca (ou a midiateca) poderia estar no centro dessa transmissão cultural que hoje falta a tantas pessoas. Ela já está, de certo modo, se pensarmos, por exemplo, nesses espaços onde, praticamente em todo lugar, crianças pequenas são acolhidas com suas famílias. Ou se nos lembrarmos do que disse uma mulher, na Biblioteca Vasconcelos, a uma outra que estava fazendo a leitura:

"A leitura em voz alta é como o círculo da comunidade. Como um diálogo com os ancestrais. Ela me lembra o *temazcal* ['casas de banho' em que homens e mulheres transpiram enquanto cantam ou fazem silêncio para purificar seus corpos ou melhorar a saúde]. Cada um está consigo mesmo, naquilo que vivenciam, mas,

---

la lecture des jeunes, Ministére de la Culture et de la Communication, Paris, 7 de junho de 2011 (pdf). Ver também o artigo "Enfants et jeunes en bibliothèque", *BBF*, 58, 2, 2013; disponível em <http://bbf.enssib.fr/consulter/bbf-2013-02-0087-001>.

[227] Entrevista publicada em *Libé-Lyon*, 3/4/2013.

ao mesmo tempo, estão reunidos em torno de algo em comum."

Pensemos também em todas essas rodas de conversa no Brasil, que mencionei acima, em que as pessoas reencontram práticas culturais de que se haviam esquecido.

Lugar de narrações, que circulam nessas rodas ou nas "bibliotecas humanas", e de milhares de narrativas recolhidas em livros ou filmes, a biblioteca pode ser um espaço privilegiado para a construção de cidades imaginárias, invisíveis, que completam a cidade material e lhe dão profundidade, tornando-a habitável. Cidades imaginárias... ou campos imaginários, evidentemente.

De modo geral, hoje muitos bibliotecários estão refletindo sobre as formas de contribuir para uma cultura de hospitalidade, de atenção, de paz, numa época em que, em quase todos os lugares, o medo do outro é extremamente presente e o ódio está sempre rondando. Pensemos no que está acontecendo na Colômbia. Um processo de paz está em curso — constantemente interrompido — após mais de cinquenta anos de um conflito armado em que 260 mil pessoas perderam a vida e cerca de 8 milhões de pessoas foram deslocadas (é o país que comporta o maior número de pessoas deslocadas do mundo). Nesse país, os bibliotecários inventam maneiras de acompanhar a reconciliação, suscitando um ambiente de diálogo, favorizando trocas, conversas que diferem dos debates de enfrentamento que colocam em oposição entidades fechadas e inalteráveis.

Por exemplo, uma biblioteca dedicada à paz foi aberta a fim de que a população tivesse acesso a todo tipo de informação sobre as experiências levadas a cabo praticamente em todo o país para construir o "viver junto". Outro exemplo: dezoito bibliotecas de treze cidades se propuseram a dizer "adeus à guerra" em jornadas de reflexão. Na ocasião, a diretora da Biblioteca Nacional comentou: "Por meio de textos

A biblioteca como jardim

literários e poéticos, nós quisemos oferecer a oportunidade de imaginar um futuro para o país que não fosse determinado pela violência, pela morte e pelo ódio". Em Medellín, encontrei Gloria Nupán, de uma comunidade ameríndia de Putumayo, na Amazônia: nessa região extremamente afetada pelo conflito, que transborda petróleo e riquezas minerais (e onde se cultiva coca), ela coordena uma dessas Bibliotecas para a Paz implantadas nas regiões de maior conflagração, e consegue fazer com que ex-guerrilheiros, soldados, paramilitares, policiais, que há pouco queriam tão somente matar uns aos outros, dialoguem em torno de um livro. Também conheci Pilar Lozano. Ela observa que as Bibliotecas para a Paz criadas nesses últimos anos conseguiram mudar o modo de olhar para os lugares que haviam sido estigmatizados em razão da guerra. "Nós lemos para compreender uns aos outros: escutar as pessoas, o território e a história." E ela se lembra do dia em que o helicóptero que havia trazido livros partiu carregado de armas que os habitantes haviam desistido de usar.

A CASA DO PENSAMENTO

O psicolinguista Evelio Cabrejo Parra diz que a biblioteca é a casa do pensamento, e eu concordo plenamente. Quando era diretor da Vasconcelos, Daniel Goldin me contou: "Um jovem que caminha duas horas para chegar à biblioteca me disse que ele não vinha em busca de livros ou informação, mas para pensar". Ele não é o único, longe disso. Teresa López Avedoy, que escreveu uma tese sobre a Biblioteca Vasconcelos, realizou diversas entrevistas com usuários (inscritos ou não), durante as quais perguntou quais eram as atividades que eles estavam realizando no próprio dia da entrevista: "Pensar e refletir foram as atividades mais mencionadas (pelos usuários inscritos), depois da consulta de livros impressos". Mais precisamente: 63% dentre eles haviam consultado livros, 41% pensado e refletido, o mesmo percentual havia estudado e 39% recorrido à internet. Observemos ainda que, na sequência, 35% havia feito caminhadas, 31% descansado, 30% se informado. Fazer o dever de casa, encontrar amigos ou pegar livros emprestados são atividades que vêm depois, seguidas de uma série de outras de todos os tipos. As porcentagens são similares para os não inscritos.[228]

No que concerne à biblioteca como lugar de pensamento, Goldin dá uma pista cuja importância raramente é percebida: "Eu me pergunto sobre a importância de um espaço onde também é permitido dormir. Uma das funções primárias da leitura é facilitar a passagem para o sono, para o sonho, sem os quais não há possibilidade de pensamento ou criação". Ao ler essas linhas, lembrei-me de bibliotecas universitárias de Cingapura, Hong Kong e Taiwan, que frequentei assiduamente nos anos 1980, e onde me surpreendia ao constatar, a cada dia, que muitos estudantes faziam ali suas sestas. Nas bibliotecas do sudeste da Ásia, em todo caso, eu estava nesses "países recém-industrializados" onde supostamente se valorizava a "utilidade" e a produtividade acima de qualquer coisa. Mas ao menos o espaço do sonho estava preservado. E, portanto, o do pensamento.

Pois, finalmente, o que é o pensamento? Se tentarmos representar esse processo por meio de uma imagem, para mim certamente não seria a do *Pensador* de Rodin, pesado, musculoso e, principalmente, voltado para si mesmo, fechado para tudo ao seu redor. Na minha opinião, a imagem do pensamento seria muito mais a daquelas mulheres e homens

---

[228] *Del lugar público al espacio íntimo: imágenes y experiencias en el espacio público. La Biblioteca Vasconcelos como caso de estudio*, doutorado em filosofia com especialização em arquitetura e assuntos urbanos, Universidade Autônoma de Nuevo Léon, Faculdade de Arquitetura, Departamento de Pós-Graduação, 2016, p. 48.

A biblioteca como jardim

dos quadros de Manet, sonhadores, numa praia ou num terraço. Ou então a de Artur Avila, o jovem matemático que ganhou a medalha Fields e que disse numa entrevista: "Trabalho muito em minha cabeça, caminhando ou na praia. Adoro o barulho do mar [...]. Encontrar soluções leva tempo. O clique pode acontecer durante a noite, às vezes solucionando um problema que você havia deixado de lado [...]. As coisas se conectam por acaso...".[229]

Para representar o pensamento, tenho outra imagem além dos sonhadores de Manet, e é a do Doutor House, da série de TV, que sempre precisa dos outros e sempre pensa em diálogo. Como naquele episódio que se passa num avião onde um passageiro está doente. Para reativar sua capacidade de dar diagnósticos, de tecer conexões, House conta com a ajuda de três passageiros — meio bobões e muito assustados —, cuja função é lhe servir de equipe, proferir umas poucas palavras, o bastante para aquecer o seu pensamento.

Pensamos entre nós e o outro, criamos entre nós e o outro, em um diálogo. E a leitura e a cultura permitem que sejamos povoados no interior de nós mesmos graças aos sonhos dos outros que incorporamos, dos quais nos alimentamos. Ler, escrever, contemplar obras de arte, participar de uma oficina artística ou literária, é como caminhar na praia ou passear num jardim. Permite liberar o fluxo de nossos devaneios, reativar e acolher esse pensamento inventivo, encontrar essa conversa, esse diálogo inspirador.

Os livros, os bens culturais e os espaços culturais nos aproximam dessas praias, dessa noite em que as coisas se encaixam, em que pensamos sem saber que o fazemos, quase naturalmente. Mediante o contato ou a proximidade com obras literárias ou artísticas e, às vezes, com descobertas científicas também, outro registro de pensamento que não o ra-

---

[229] *Le Monde*, 3/9/2014.

cional é mobilizado: um pensamento em movimento, inventivo, feito de conexões inesperadas[230] que podem encontrar uma via de acesso ao pensamento consciente. Ler, escrever ou contemplar obras de arte permite reativar esse pensamento inventivo. Ler para alguém, ou lhe dar a oportunidade de se apropriar de livros ou obras, talvez seja, antes de mais nada, lhe dar a possibilidade de sonhar, de se revigorar. Os bibliotecários e os mediadores culturais não são apenas técnicos de informação, são também "contrabandistas" que conduzem a essa região onde se vive poeticamente e onde os pensamentos começam a ser fabricados, com uma vivacidade e uma inventividade particulares. Mais como o jovem Artur Avila caminhando sobre a praia do que como o *Pensador* de Rodin.

O sociólogo Christophe Evans observa que as bibliotecas contemporâneas, "espaços de conexão", são "igualmente apreciadas pelas possibilidades de desconexão que permitem". Elas são, portanto, "espaços de desaceleração", "um grande trunfo numa época de aceleração dos ritmos sociais e de conexão permanente".

A vida de cada um de nós, mas também da cidade, precisa de lugares de recuo em relação à agitação, e abertos ao mundo. Espaços que permitam "desacelerar nossa deambulação cotidiana, pois isso propicia descobertas, encontros, diálogos, devaneios", como diz Floriane de Rivaz;[231] espaços que nos permitam encontrar o que não procurávamos.

---

[230] Jean-Bertrand Pontalis, "Le rêve, à la source de la pensée", in Murielle Gagnebin e Christine Savinel, *Starobinski en mouvement*, Seyssel, Champ Vallon, 2001, pp. 235-43.

[231] Floriane de Rivaz, *Bibliothèques et jardins: quelles alliances possibles?*, monografia de fim de curso para obtenção do diploma de biblioteconomia, Lyon, ENSSIB, 2015, nota 58.

A biblioteca como jardim

"É MUITO DIFÍCIL E DESNECESSÁRIO SEPARAR O ÚTIL DO AGRADÁVEL"

Enquanto eu refletia sobre tudo isso, o acaso, que às vezes faz muito bem as coisas, me levou a uma tese redigida por uma jovem bibliotecária, intitulada *Bibliotecas e jardins: quais alianças possíveis?*.[232] Segundo sua autora, Floriane de Rivaz, "nesse momento em que as bibliotecas se questionam sobre suas missões, comparar a biblioteca a um jardim permite colocar novamente a questão: o que é uma biblioteca?". Não entrarei em detalhes a respeito das múltiplas relações que ela estabelece com a felicidade, e remeto aqui à leitura de sua tese. Destacarei apenas que a biblioteca, assim como o jardim, tem a ver com o desejo de responder ao caos do mundo, criando um espaço à parte, um lugar interior; tanto uma como outro nos separam do mundo ao nosso redor para que possamos vê-lo melhor, habitá-lo. Uma e outro são chamamentos para ir além, em direção a algo que não se vê, algo invisível ou interior. Uma e outro são lugares de recriação a partir de uma herança, lugares de vida e de criatividade, pois são propícios ao sonhar acordado. Floriane de Rivaz observa de passagem que a internet está para a biblioteca assim como a selva está para o jardim, e tece uma série de outras observações que nos fazem pensar, como a seguinte: os cidadãos sentem nitidamente que há aqui "algo essencial à saúde da sociedade", algo que nos protege da irreversibilidade do tempo que passa,[233] que protege a vida, muito simplesmente. E ela escreve ainda: "a alegria do jardineiro é criar algo bonito, produzir alguma coisa útil ou, simplesmente, trabalhar na natureza para fazer com que algo floresça. [...] É muito difícil e desnecessário separar o útil do agradável no

---

[232] *Idem, ibidem.*

[233] *Idem*, p. 42.

jardim".[234] É igualmente difícil, e também desnecessário, separar o útil do agradável na biblioteca. Essa jovem nos convida a pensar em todas as alianças possíveis entre esses dois espaços. Ela constata que as bibliotecas contemporâneas muito frequentemente recorrem à presença de elementos naturais. E que os jardins são lugares privilegiados para ir ao encontro das pessoas, pois se quisermos que elas entrem na biblioteca, é preciso que os bibliotecários saibam sair dela.

Imaginam uma cidade sem jardins? Tenho a mesma dificuldade para imaginar uma cidade sem bibliotecas. Ambos são tão necessários quanto as respirações na música.[235] Jean-Christophe Bailly se refere ao jardim como "um espaço de recuo, destinado a produzir, entre as pessoas e as coisas, mas também entre as próprias pessoas, uma calmaria".[236] O mesmo poderia ser dito de uma biblioteca. Bailly observa também que há algo de fragmentário e portátil na utopia, que pode se realizar aqui ou acolá. Como os jardins, é possível que as bibliotecas também sejam fragmentos de utopia. Falar de utopia num momento em que a realidade está mais próxima de uma distopia pode soar provocativo. Aliás, essa é uma noção que não tem uma boa reputação nos dias de hoje: segundo os dicionários, utopia se define como uma "visão política ou social que não leva em consideração a realidade", isto é, algo ilusório, uma busca por uma sociedade ideal em que o sonho logo pode se transformar em pesadelo. Mas há também, associada a esse termo, a ideia de "uma tensão em direção a lugares outros, a um outro modo de fazer as coisas". A ideia de que o campo do possível poderia ser expandido e explorado.

---

[234] *Idem*, p. 43.

[235] É o que também diz Floriane de Rivaz, *op. cit.*, p. 69.

[236] Jean-Christophe Bailly, "Retour aux allées", in *La Phrase urbaine*, Paris, Seuil, 2013, pp. 234-6.

6.
LER (OU NÃO LER) EM TEMPOS DE PANDEMIA

> "Agora sabemos que a vida é almoçar com um amigo na varanda, ir em livrarias, aproveitar o sol, ver um filme no cinema, se perder numa rua desconhecida, pegar um trem. Então quando o vida retornar, lhe pediremos menos coisas."[237]
>
> Manuel Vilas

Semanas após a difusão mundial da covid-19, pessoas de diferentes países me escreveram sugerindo que eu fizesse uma fala pública em razão das minhas pesquisas sobre os benefícios da leitura em contextos críticos. Algumas me contaram que estavam relendo meus livros e organizando grupos de leitura virtuais inspirados neles. Elas me citavam para legitimar o que estavam propondo. E eu quase sentia vergonha, pois aqueles livros haviam sido meus companheiros durante decepções amorosas, doenças, exílios, mas naquele momento, nada funcionava. Eu não sabia por quê. Desde que a pandemia se instalara, eu não conseguia mais ler livros, menos ainda de ficção.

Eu não era a única: na França, na Itália, na Espanha, na Grécia, no Canadá, na Argentina, na Colômbia, no México..., homens e mulheres faziam postagens nas redes sociais compartilhando essa dificuldade, perguntando-se se eram os únicos a senti-la e questionando as razões desse fenômeno. Em resposta, muitos comentavam as postagens dizendo que sentiam a mesma coisa. Era o caso, por exemplo, dos escri-

---

[237] "Les Cent commandements", *op. cit.*

tores, e o fenômeno lhes parecera suficientemente surpreendente para que se questionassem publicamente. Assim como faziam os jornalistas em artigos ou programas de rádio e televisão.[238]

Para dar alguns exemplos, Julieta Pinasco, grande leitora, escreveu em seu Facebook: "A semana inteira, não li uma única palavra"; e também: "Trabalhar me exige um esforço fora do comum. Ler também".[239] Na Colômbia, Carolina Sanín, outra grande leitora, comentou no Twitter: "Não consigo ler nada" ou "Leio e parece que estou fazendo arqueologia". E Santiago Gerchunoff: "Todas as leituras me parecem obsoletas. Todos os livros caducos e enganadores por terem sido escritos por pessoas que não passaram por isso". Mais dois exemplos — poderia dar inúmeros. Darío Steimberg, professor de Artes da Escrita na Universidade Nacional de Artes, na Argentina: "Diferentemente da escrita, a leitura tem sido para mim um custo enorme. Passo meu tempo lendo numa tela, buscando e encontrando coisas na internet. Boa parte tem a ver com o coronavírus e suas consequências no mundo, mas também uma enorme quantidade de desvios sem nenhuma relação específica com algo pontual do momento...".[240] E Christophe Grossi:

---

[238] Ver, principalmente, Chantal Guy, "Pandémie et paralysie créatrice", *La Presse* (Montréal), 9/4/2020; disponível em <https://www.lapresse.ca/arts/litterature/202004/07/01-5268431-pandemie-et-paralysie-creatrice.php>; Manon Marcillat, "Voilà pourquoi vous n'arrivez pas à lire et à voir des films pendant le confinement", *Konbini*, 30/4/2020; disponível em <https://www.konbini.com/fr/lifestyle/lire-livre-voir-film-streaming--confinement/>; e María D. Valderrama, "La pandemia que secó a los escritores", *Listín Diario*, 21/3/2020; disponível em <https://listindiario.com/las-mundiales/2020/03/22/609735/la-pandemia-que-seco-a-los-escritores>.

[239] As citações não referenciadas foram retiradas do Facebook ou do Twitter.

[240] Daniela Tarazona e Darío Steimberg, "A diferencia de la escritu-

"Eu podia ler uma mesma frase diversas vezes sem nada reter. [...] À exceção de artigos, postagens, depoimentos e comentários, todos diretamente relacionados à atualidade, à pandemia, nada mais atraía a minha atenção. [...] Nenhuma ficção, nenhuma narrativa, nenhum ensaio, nada mais conseguia me distrair. Um livro, um ebook, um site, nada. E em lugar nenhum. Nem mesmo uma história em quadrinhos. Com muita dificuldade, um trecho de poema de Fernando Pessoa, duas ou três coisinhas e as histórias que eu lia para meus filhos à noite. Isso nunca tinha me acontecido antes. [...] É muito estranho conviver com a literatura há tanto tempo, dormir cercado de textos fundadores e não mais desejá-los, ignorá-los, passar por eles sem sequer olhá-los. E nem lamentar isso."[241]

Na realidade, quase todas essas pessoas continuavam lendo, mas não livros, menos ainda literatura. Elas passavam boa parte do tempo reclusas lendo artigos (e ouvindo notícias), devorando relatos pessoais, postagens relacionadas à pandemia, sem saber ao certo o que buscavam. Leituras fragmentadas, na maior parte das vezes: "Se tem mais de duas páginas, caio fora. É um desastre!", dizia Claire Terral. Elas conseguiam, no máximo, ler um pouco de poesia de vez em quando.

Ainda que muitos delas tenham conseguido voltar a ler livros nas semanas ou meses seguintes, estamos diante de um fenômeno surpreendente o bastante para merecer nossa aten-

---

ra, la lectura me está costando muchísimo" (entrevista), *Eterna Cadencia*, 17/5/2020; disponível em <https://www.eternacadencia.com.ar/blog/contenidos-originales/derivas-literarias/item/a-diferencia-de-la-escritura-la-lectura-me-esta-costando-muchisimo.html>.

[241] *Déboîtements*, 6/4/2020; disponível em <http://deboitements.net/spip.php?article804>.

ção, inclusive porque nos oferece uma oportunidade de refletir novamente sobre o que significa ler, sobre o que isso supõe. Nesses tempos estranhos, como veremos a seguir, há quem tenha lido mais do que nunca, inventado novas formas de troca em torno dos livros ou "lido" sua profissão, sua vida, sua relação com o mundo por outro ângulo.

"É COMO SE UM ESTADO DE ALERTA TIVESSE CAPTADO A CONCENTRAÇÃO"

Para tentar entender um pouco melhor essa curiosa dificuldade de ler que se apoderou de muitas mulheres e homens, vou me ater antes de tudo às explicações dadas por eles próprios. Sempre achei que os leitores não eram suspeitos para falar sobre a prática a que se dedicam, e adoro fazer as vozes circularem. Mais uma vez, farei muitas citações: de leitores que compartilham suas impressões nas redes sociais, de professores, bibliotecários, escritores, psicanalistas etc. Interessa-me escutar suas palavras e falar sobre os ecos que elas provocam em mim.

O que muitos deles descreveram já é um estado de sideração. Eles não liam porque o medo, a ansiedade, eram grandes demais, assim como a incerteza sobre o que estava por vir. "Sem a morte, o confinamento teria sido um salão de leitura", disse uma mulher. Muitos deixavam claro que nunca tinham passado por isso antes. Outros, porém, evocavam episódios anteriores em que ler havia se tornado impossível — depois do ataque às torres gêmeas em Nova York, em 2001, dos atentados terroristas em Paris, em 2015, ou de um luto brutal e particularmente doloroso. Para alguns, foi preciso anos para que voltassem a ler.

Em quase todos os lugares, as pessoas falavam sobre a impossibilidade de se concentrar, a sobrecarga emocional e a sobrecarga de raiva também, para alguns. "Estou completamente absorvida pelo que está acontecendo no mundo", diziam. "É como se um estado de alerta tivesse captado a concentração", comentava a dramaturga Carla Maliandi. "Até agora, só consegui ler notícias e artigos relacionados à pandemia e à situação mundial [...]. Normalmente, passo minha vida lendo e escrevendo, mas essa situação não favorece esse tipo de prática, ela as coloca em suspensão".[242] Já o escritor argentino Martín Kohan escreveu: "Sinto que o que predomina é um estado de dispersão [...]. Folhear, bisbilhotar, rondar; em livros ou na web, dá no mesmo".[243]

Alguns jornais convocavam a neurociência para explicar que o cérebro tem dificuldades em ser "multitarefa". Na Itália, um artigo do *La Repubblica* afirmava que "o cérebro fica em alerta porque sabe que está vivendo em condições perigosas e, por isso mesmo, ele se 'desliga' das outras ações — é o mesmo mecanismo que nos permite atravessar a rua em segurança".[244]

O cérebro estaria, portanto, em modo de sobrevivência. Volta-me à memória o que Marie Boiseau observou no Twitter: "Nós pensamos que iríamos ler 342 livros, sendo que na realidade ficamos todos fazendo pão". De fato, nunca tantas receitas de pão haviam sido compartilhadas. Circulavam nas redes sociais imagens bem-humoradas projetando o momento em que sairíamos do confinamento, com dez quilos a mais. Talvez o medo de engordar escondesse outro, muito mais ter-

---

[242] Citado em Silvina Friera, "La cuarentena de los escritores", *Página 12*, 8/4/2020; disponível em <https://www.pagina12.com.ar/258159-la-cuarentena-de-los-escritores>.

[243] "Que lea el que pueda", *Perfil*, 17/4/2020; disponível em <https://www.perfil.com/noticias/columnistas/que-lea-el-que-pueda.phtml>.

[244] Beniamino Pagliaro, "Perché non riusciamo a leggere un romanzo al tempo del virus", *La Repubblica*, 26/3/2020; disponível em <https://rep.repubblica.it/pwa/generale/2020/03/26/news/perche_non_riusciamo_a_leggere_un_romanzo_al_tempo_del_virus-252319618/?refresh_ce>.

rível: o de morrer de fome se o castelo de cartas da economia se desmoronasse.

No entanto, outros haviam lido em condições extremas, e eu pensava nas mulheres e homens sobre os quais escrevi em meus livros, deportados para campos de concentração na Alemanha nazista ou na Sibéria, que haviam resistido, que se mantiveram firmes, lendo algumas páginas ou relembrando textos lidos. Como eles fizeram? Não dava para imaginar que nessas situações as pessoas mergulhavam em livros ou memórias de leitura assim sem mais. Com certeza isso demandou tempo, energia e uma força pouco comum, e esse era um aspecto de que, até então, talvez eu não tivesse dimensão.

Não é simples ler em contextos muito críticos, especialmente quando tudo é "tão alucinante e onírico" (Carla Maliandi: "Tudo me parece tão alucinante e onírico que eu não consigo me dedicar a outra coisa"). Isso também foi mencionado com frequência por aquelas e aqueles que tentavam explicar suas dificuldades de ler: eles tinham o sentimento de que já estavam vivendo numa ficção, numa realidade totalmente irreal, com uma sucessão de episódios, como numa série. "A realidade já está tão próxima da fantasia, quem precisa de romances?", observou uma mulher. E outra, Hélène Gefflot: "De repente, todos nós nos tornamos personagens de uma narrativa distópica. Todo dia, um novo capítulo. Entre suspense, terror e dúvida. A história se passa em todos os continentes. Ninguém sabe quando e como ela vai acabar. Que leitura pode ser mais forte que isso?". Ou ainda: "Já estamos vivendo num cenário de ficção científica norte-americana, não é de se admirar que a ficção se torne enfadonha e inconsistente perto disso". Era como se os livros não estivessem à altura do que estávamos vivendo.

Falta de tempo... ou tempo demais?

Outro tema era mencionado com frequência para explicar as dificuldades de ler: a falta de tempo. Acompanhar as informações e frequentar as redes sociais consumia todo o tempo, assim como receber notícias dos amigos e familiares. Cuidar dos filhos em casa também foi muito mencionado, principalmente por mulheres; o teletrabalho e as reuniões virtuais, especialmente por professores.

Em maio e junho de 2020, como faço todos os anos, organizei conversas virtuais para a Faculdade Latino-Americana de Ciências Sociais (Flacso), com a participação de mais de duzentos profissionais da América Latina, quase todos professores e alguns bibliotecários e editores. Pedi-lhes que compartilhassem suas experiências de leitura durante a pandemia. A maioria tinha lido textos relacionados às exigências do teletrabalho. "Minhas leituras se limitaram a documentos de trabalho, circulares e instruções", disse Lucía. María relatava a mesma coisa: "As maiores dificuldades com que me deparei diante do desejo de ler por ler foram as resoluções, instruções, deveres e atividades apresentadas pelos professores e alunos pelos quais sou responsável na escola secundária onde trabalho". Muitos comentaram sobre o tempo exigido pela "tirania do ensino virtual", as "maratonas de formação" para aprender a usar as plataformas e "converter os espaços presenciais em virtuais".

Dois outros exemplos: "Fui tomada pela sensação de falta de tempo durante a quarentena, e a ideia de 'querer conseguir fazer tudo' me transformou em um robô", diz Melisa; e Andrea, "Eu não consigo encontrar tempo ou vontade de ler por prazer, pois é como se o dever me chamasse o tempo todo. Hoje minha casa é meu local de trabalho, então tudo se mistura". Para muitos, o ensino virtual era o centro de todas as preocupações (camuflando, talvez, outras inquietudes?). Além dos professores, muitos notavam a velocidade da passagem do tempo durante o confinamento que, mais do que normalmente, lhes escapava.

Outros diziam não ler pelo motivo oposto, porque tinham muito tempo livre, como Lucas Soares: "Se, por um lado, eu tinha disponível todo o tempo do mundo para ler e escrever, eu nunca escrevi e li tão pouco [...]. Agora entendo que essas malditas prisões (horário de trabalho etc.) são as que nos fazem aproveitar melhor o tempo de leitura e escrita. Sinto falta delas".[245] De modo similar, Darío Steimberg comentava: "[...] normalmente, leio roubando o tempo de outras atividades. Não precisar roubar esse tempo me priva dessa infração que, por um motivo qualquer, dá sentido à minha leitura".[246] Alguns participantes das conversas da Flacso faziam observações similares.

Eu me lembrei do que havia escrito sobre o fato de que líamos em tempos roubados, nas margens, nas beiradas da vida, nas bordas do mundo. Mas aqui "não se trata de um tempo escolhido, mas imposto", observou uma mulher. Inclusive porque todos recomendavam ler durante a pandemia, inclusive os políticos, como o presidente da França, Emmanuel Macron, que dizia em seus discursos: "Leiam. Reencontrem o sentido disso que é tão essencial". Ou a própria mídia que, desde o final de fevereiro ou início de março de 2020, recomendava compensar o confinamento colocando em dia nossos deveres culturais. O que se seguiu foi uma infinidade de recomendações de leitura, principalmente por parte dos escritores. As bibliotecas também liberaram o acesso a uma enxurrada de conteúdos que podiam ser consultados online. Nas redes sociais, todo tipo de ofertas culturais aparecia dia

---

[245] Lucas Soares, "Teniendo todo el tiempo del mundo para leer y escribir nunca leí y escribí menos", *Eterna Cadencia*, 3/4/2020.

[246] Entrevista citada.

após dia, logo seguidas de uma infinidade de desafios para compartilhar capas de romances, filmes de ficção etc.

Eu poderia ter adorado, mas sentia um mal-estar similar ao que às vezes sinto quando frequento encontros sobre leitura e adolescentes: os conselhos para que se leia são tão pesados que saio dali com vontade de nadar ou caminhar na floresta. Eu também estava chocada com o contraste entre a grande novidade da situação — que mais da metade da humanidade estivesse confinada e interconectada, que em quase todos os lugares as ruas e praças estivessem esvaziadas, que boa parte da atividade econômica e da dinâmica social estivesse suspensa, tudo isso era absolutamente inédito —, e as palavras usadas para justificar esse apelo onipresente à cultura: acompanhamento emocional, vínculo social e não sei mais o quê. Eu tinha a impressão de que havia em tudo isso, da parte dos profissionais — de nossa parte —, uma grande confusão.

"Acima de tudo, era um desejo de contato, lançado como uma garrafa ao mar",[247] sugere Rafael Mondragón a respeito de todas essas ofertas culturais. "Organizada como um gigantesco monólogo coletivo em que todos procuram um semelhante, mas ninguém encontra um corpo no qual suas palavras possam ressoar e produzir um diálogo, essa mensagem às vezes pode ter um efeito enlouquecedor." Esses profissionais e voluntários teriam receio de não mais ter utilidade social ou temiam algo mais terrível? A escritora Mariana Enríquez logo se manifestou a respeito disso:

> "Eu me revolto diante dessa demanda de produtividade. Eu me sinto, acima de tudo, desconcertada [...]. Todas essas palavras que escuto, esse burburinho de opi-

---

[247] "Encontrar a un semejante", *Revista Común*, 9/4/2020; disponível em <https://www.revistacomun.com/blog/encontrar-a-un-semejante/>.

Ler (ou não ler) em tempos de pandemia

niões, de informações, metáforas, recomendações, *lives* no Instagram, e essa continuidade de atividades em formato virtual, toda essa intensidade não seria puro pânico? Que buraco estamos tentando tapar? Qual fantasma de extinção estamos querendo dissimular?"[248]

Farei uma aproximação entre essas palavras e as de uma participante das conversas virtuais da Flacso, Anna di Lullo: "No primeiro dia da quarentena, eu estava tão abalada que cheguei a pensar que nunca me recuperaria. Eu dormi e comi, alternadamente, o dia inteiro. Na segunda-feira, 16 de março, foi o desastre total. Rapidamente, começaram a proliferar bibliotecas liberando milhares de títulos colocados à disposição da humanidade, coisas excessivas. Tudo era demais. Optei por continuar meus treinos físicos de casa, com supervisão do meu professor de longa data. Uma necessidade urgente de retornar ao corpo fez com que esses exercícios cotidianos se tornassem o centro do meu dia...". E ainda: "Sinto-me lançada de volta a uma corporalidade radical, como o bebê que quer dar nomes, mas as palavras ainda não existem. Este momento é o das palavras que não existem, é por isso que estamos todos fazendo pão".

"Retornar ao corpo": como ela, muitas pessoas sentiram a necessidade de dedicar tempo ao corpo, todos os dias. Elas faziam ginástica, yoga e meditação para "se afastarem das telas" e se sentirem, talvez, simplesmente vivas.

Alguns dos que haviam participado dessas recomendações impositivas de cumprimento dos deveres culturais esta-

---

[248] "La ansiedad", *Revista de la Universidad de México, Diario de la pandemia*, junho de 2020; disponível em <https://www.revistadelauniversidad.mx/articles/41725f69-40a0-4229-b7d2-8bc714717cd2/la-ansiedad?fbclid=IwAR3w2sM1WzzKvMithJF2rGHQJ7mtiwlZZF8UmMclhcKseI4E1Nl2KZas82s>.

vam tomando consciência dos efeitos disso, tal como Manon Marcillat, jornalista: "Eu mesma escrevi dezenas de artigos sobre conselhos culturais para o confinamento. No entanto, paradoxalmente, tenho a sensação de que essas listas que se proliferam atualmente nas mídias são contraproducentes".[249] Cindy Felio comentou: "Todos esses conselhos são contraditórios em relação ao sentimento interior de medo, de incerteza e de angústia que nos habita nesse momento e cria uma perda de referências".

Outra voz, a de Ivanna Acevedo, que relembra seu percurso durante uma conversa da Flacso:

"Toda essa enxurrada de ideias transformadas pela mídia em imperativo tentava dissimular a suspensão do cotidiano. Senti que não queriam nos permitir a angústia do isolamento; era nossa liberdade que estava suspensa e a ordem do dia era: fazer, fazer, produzir, produzir.

Antes do isolamento, ler era um refúgio, eu escolhia ficar em casa para ler e, de repente, isso virou uma ordem, não mais uma escolha, assim como ficar em casa. Eu queria me angustiar, respeitar o tempo da incerteza, depois explorar pouco a pouco outras linguagens (pintar, ilustrar) [...]. Eu e amigos organizamos encontros virtuais em que compartilhávamos textos e leituras, alguns escritos por nós mesmos e outros por escritores de que gostávamos, trocamos fichas de leituras e áudios de histórias. Eu retomei a leitura e a escrita como uma possibilidade e uma escolha."

---

[249] "Voilà pourquoi vous n'arrivez pas à lire et à voir des films pendant le confinement", *Konbini*, 30/4/2020; disponível em <https://www.konbini.com/fr/lifestyle/lire-livre-voir-film-streaming-confinement/>.

Ler (ou não ler) em tempos de pandemia

Nada mais se abria

Há ainda um aspecto que poderia explicar a dificuldade de ler, particularmente ficção, e que me parece pedir toda a nossa atenção. Alguns, poucos, tentaram mapeá-lo.

A psicanalista Alexandra Kohan, por exemplo, numa entrevista.[250] Ela também ficou impressionada com a velocidade com que circulavam todos os tipos de conselhos e ordens para tornar o confinamento produtivo:

> "Acho que os discursos imperativos e moralizantes servem para não pensar, para negar o que estamos vivendo, e que é inelutável. Servem para anestesiar, nem mesmo para tranquilizar. [...] Servem também para nos encher de culpa, pois, claramente, são obrigações inatingíveis que deixam sempre em falta qualquer um que quiser alcançá-las. De fato, muitos de nós, logicamente, não podem fazer nada daquilo que fazíamos habitualmente."

Ela observava: "A obrigação de ser feliz supõe que somos todos iguais e pretende nos disciplinar de maneira uniforme. Eles nos querem sem angústia para que continuemos a produzir". Alexandra Kohan observava também que, nesses tempos, não era simples "sublimar": "O que está sendo sublimado é a pulsão, e o que venho escutando ou experimentando é que essa pulsão está um pouco 'enlouquecida', ela não está tão disponível para ser sublimada". E a respeito da leitura, ela acrescentava:

---

[250] "El mundo se detuvo y quedamos pedaleando en el aire" (entrevista), *Revista Mate*, 24/3/2020; disponível em <https://www.revistamate.com.ar/2020/03/alexandra-kohan-el-mundo-nos-silencio-a-nosotros-el--mundo-se-detuvo-y-nosotros-quedamos-pedaleando-en-el-aire/>.

"Num primeiro momento, foi ativada uma fantasia muito bela, a de que disporíamos de tempo para ler, mas logo entendemos que para ler não é preciso apenas tempo, mas toda uma disposição que, penso eu, tem a ver com reduzir o barulho do mundo, silenciar suas demandas e habitar a solidão como um refúgio, isolar-nos do mundo enquanto ele continua funcionando. Hoje tudo está às avessas: o mundo nos reduz ao silêncio, o mundo parou e nós ficamos pedalando no vazio. Somos muitos a não conseguir ler porque é insuportável nos privarmos do pouco que ainda existe lá, 'fora' de nós."

"Como poderíamos ler, escrever, acabar a tese, arrumar o guarda-roupa, 'aproveitar', se o mundo, tal como nós o havíamos habitado até agora, já não estava lá?", ela questionava. Do outro lado do Atlântico, Annie Ernaux observava: "Estar confinada quando o mundo não muda é fácil, até agradável, mas eu sinto que ele está mudando, há um silêncio impressionante ao meu redor". E Hélène Cixous: "Eu me sinto expulsa. Como todo mundo. Expulsa do mundo e de mim. Como cada um de nós. Todos nós perdemos o que pode se abrir. Todos nós estamos trancados a sete chaves".[251]

Fomos todos expulsos do mundo, mas o próprio mundo não estava mais lá, diferentemente do que acontece com um prisioneiro ou um doente isolado em seu quarto, que sente que a vida continua ao seu redor. Na pandemia, era como se o mundo não existisse mais. Não era apenas o fato de todos estarem privados dele na realidade: não podíamos nem mesmo sonhar com ele, uma vez que os outros haviam parado de habitá-lo, de fazer dele um espetáculo vivo que sempre recomeçava. Dia após dia, as mídias nos mostravam vídeos de ruas desertas, apenas com alguns passarinhos ou animais sel-

---

[251] "Comme tout le monde", *AOC*, 12/4/2020; disponível em <https://aoc.media/fiction/2020/04/11/comme-tout-le-monde/>.

vagens, como se fosse depois do desaparecimento da nossa espécie.

O mundo que essas mídias expunham a nós, de forma muito violenta, era também o dessas visões do inferno, de doentes abarrotados em corredores de hospitais, trens enfileirados com pacientes agonizando, caixões transportados à noite por caminhões, enterros em covas sem nenhum rito — enquanto o próprio fundamento da nossa humanidade, há dezenas de milhares de anos, são os ritos por meio dos quais acompanhamos os defuntos, inclusive, até os animais realizam esses ritos. Era como se estivéssemos assistindo ao espetáculo do desmoronamento do simbólico, e existisse apenas o real em sua forma mais crua. O espaço exterior não nos "dizia" mais nada, só nos contava o horror. O externo havia sido desligado, nada mais se abria, nada mais fazia sonhar.

Ora, ler é sempre combinar um espaço íntimo com um mundo que se abre, um "lá fora". Basta pensar em todos que adoram ler ou escrever em cafés, parques ou meios de transporte, "para poder combinar o silêncio interno com o ruído geral dos outros", como diz Martín Kohan. Muitos diziam não conseguir mais ler porque já não dispunham desses espaços, o terraço de um café com seu burburinho, um jardim onde crianças brincam ou mesmo um metrô, com seus viajantes e músicos ambulantes.

Alguns mencionavam o fechamento desses outros espaços públicos, as livrarias e bibliotecas. Não tanto para comprar ou pegar livros emprestados, mas para senti-los presentes, oferecendo infinitas possibilidades. Novamente, nada mais se abria.

ASSISTIR SÉRIES, CANTAR, DANÇAR, ESCREVER

Observemos que outras práticas culturais pareceram menos difíceis do que a leitura, num primeiro momento ou a longo prazo. Assistir a filmes e séries, principalmente, ainda que muitos relatassem um desejo constante de chamar a atenção dos atores caso eles se aproximassem demais uns dos outros. Voltava o gosto pelos filmes catastróficos, como se o pesadelo alheio tornasse o nosso mais suave, como se o terror fosse um remédio para a inquietude.

Havia também todas essas pessoas na Itália, na Espanha, na França e em outros lugares, que cantavam ou tocavam de suas varandas. E esses vídeos maravilhosos que circularam nas redes sociais com pessoas dançando uma mesma música, cada um em sua casa e todos juntos graças ao Zoom ou a outras plataformas. Imagens muito comoventes, como aquelas dos colombianos dançando *cúmbia* ou dos bailarinos da Ópera de Paris agradecendo aos profissionais de saúde,[252] nas quais, ao fundo, víamos a casa de alguém ou, às vezes, uma criança que escorregava nas pernas de sua mãe bailarina de sucesso — deslocando as fronteiras entre espaço íntimo e espaço público.

Se nós nos mantivemos de pé, foi também graças a essa beleza compartilhada, a essas trocas em que não nos reduzíamos ao utilitário. Graças também a uma observação poética do nosso espaço próximo, que muitos diziam enxergar com outros olhos, explorá-lo, como Ev Guénie: "Eu prefiro fotografar as plantas que crescem cheias de discrição do que mergulhar nas mil e uma maravilhas potenciais das literaturas do mundo". Eu também, naqueles dias, fiz pequenas incursões no espaço ao meu redor, onde eu estava confinada, para tentar enxergá-lo de outro modo, com outra atenção, encontrar ali algo de novo, uma abertura para lugares outros. Para descobrir que a vida estava lá, "simples e tranquila",

---

[252] "Dire merci", mensagem de apoio do Balé da Ópera Nacional de Paris; disponível em <https://www.youtube.com/watch?v=OIiG14Gg mu0>.

como diria Verlaine,[253] e não na agitação louca que moldava o cotidiano de nossos dias.

Ainda, foi à escrita, muito mais do que à leitura, que muitos recorreram por meses a fio.[254] Como observou Yolanda Reyes:

> "Se há algo que tem sido indispensável durante esses dias de pandemia, é a escrita. Milhares de palavras escritas e lidas têm circulado no mundo imaterial da internet que parece ser hoje a única alternativa para continuarmos vivendo juntos. Além da avalanche de notícias, de mensagens e significados específicos, é a necessidade de interpretar que tem nos sustentado nesses dias incertos. Colada à pequena tela do celular, uma pessoa confinada se relaciona com o mundo e o reescreve, e o relê, e sobrevive em meio às palavras."[255]

Logo no início, a catástrofe sanitária desencadeou, praticamente por todo lugar, uma verdadeira grafomania: diários de confinamento, profissões de fé afirmando que nada seria como antes (ou que tudo continuaria como sempre foi), autoflagelações, gritos de raiva, apelos para rolarem cabeças "quando tivermos saído dessa". Felizmente, havia também toques de humor que deixavam tudo mais leve. Para resumir,

---

[253] Versos do poema "Le ciel est, par dessus le toit", de *Sagesse*: "Mon Dieu, mon Dieu, la vie est là/ Simple et tranquille./ Cette paisible rumeur-là/ Vient de la ville" (em tradução literal: "Meu Deus, meu Deus, a vida está aqui/ Simples e tranquila./ Esse rumor pacífico/ Vem da cidade"). (N. da T.)

[254] O movimento de democratização na escrita, porém, não esperaria o confinamento. Ver a esse respeito: *L'Idée de littérature* de Alexandre Gefen: "Sociologicamente, a virada digital foi acompanhada por um enorme apetite pela escrita" (Paris, Corti, 2021, p. 272).

[255] "En la semana del idioma", *El Tiempo*, Bogotá, 20/4/2020.

não líamos mais livros, mas passávamos horas escrevendo e editores receberam muito mais manuscritos do que habitualmente. Um em cada dez franceses começou a escrever um livro durante o confinamento, de acordo com uma pesquisa da Harris Interactive.[256] Já em abril de 2020, muitos editores anunciavam a publicação de livros sobre a pandemia. E em julho, as casas editoriais mais prestigiosas já estavam publicando coletâneas de textos sobre o que estávamos vivendo.

Na França, o relatório *Práticas culturais em tempos de confinamento*[257] confirma a maioria dessas constatações empíricas. Nesse relatório, Anne Jonchery e Philippe Lombardo estudaram os resultados da pesquisa *Condições de vida e aspirações* realizada pelo Crédoc durante o confinamento, comparando-os àqueles da pesquisa *Práticas culturais*, de 2018. Eles observam que "paradoxalmente, enquanto o confinamento, no seu início, contribuiu para o adensamento das desigualdades sociais e econômicas em diversas áreas, as práticas culturais aparecem, inversamente, menos clivadas e alguns abismos sociais e geracionais estão até diminuindo". No entanto, se o confinamento favoreceu boa parte dos usos culturais das telas, assim como o desenvolvimento de práticas artísticas amadoras fora das telas, especialmente por aqueles que eram menos "iniciados", esse não foi o caso dos livros. Os livros apresentaram um recuo de dez pontos: 52% dos indivíduos leram ao menos um livro durante o confinamen-

---

[256] É preciso relativizar: sublinhando o "desejo cada vez mais generalizado de escrever para si próprio", Alexandre Gefen se refere a uma pesquisa de março de 2019 da revista *Lire* (portanto, anterior à pandemia), estimando em 10% o número de pessoas que já haviam escrito um livro ou que o estavam fazendo... (*op. cit.*, p. 249).

[257] Anne Jonchery e Philippe Lombardo, *Pratiques culturelles en temps de confinement*, Culture Études, Ministère de la Culture; disponível em <https://www.enssib.fr/bibliotheque-numerique/documents/69796-pratiques-culturelles-en-temps-de-confinement.pdf>.

to, contra 62% em 2018. A escuta do rádio e de música também conheceu uma baixa considerável.

PARA OUTROS, UMA FOME DE LEITURA

Se muitos sentiam essa dificuldade de ler, outros, ao contrário, diziam ler como nunca. Durante as conversas da Flacso, algumas participantes contavam que estavam vivendo o confinamento como uma oportunidade para ler — como se não estivesse acontecendo nada. "Graças ao desaparecimento dos compromissos, pude ter tempo de ler tranquilamente, plenamente, feliz", dizia Julieta. E Yenifer: "Durante esse tempo, li mais do que em qualquer outro momento da minha vida, muitos textos de pesquisa, acadêmicos e literários". Algumas mencionavam uma "fome de leitura", como Maria Florencia que, continuando com as metáforas orais, dizia "devorar tudo que aparecia em seu caminho". "Eu nunca precisei tanto de poesia", ela dizia, e dizia também que estava escrevendo como nunca: "sem essas duas atividades, eu não teria conseguido me manter de pé". Patrícia observava que o sentimento de vulnerabilidade e de incerteza havia suscitado uma "fome de leitura" entre seus estudantes (não todos) e seus amigos. E Maria Victoria: "O que eu lia não era apenas ficção, mas sempre era um refúgio, um sossego e uma companhia. As obras literárias me ajudaram a viver dias distantes da situação que nos aflige e as leituras estimularam a vontade de continuar trabalhando, mesmo com toda a incerteza".

Mencionei até agora leituras individuais. Devemos também abrir o imenso capítulo das leituras compartilhadas durante a pandemia. Muitos evocaram histórias lidas ou contadas aos filhos; e, com menor frequência, as conversas e debates que acompanhavam as leituras realizadas junto aos companheiros de confinamento. Na Argentina, Natalia Porta López e as pessoas que trabalhavam com ela no âmbito do Plano Nacional de Leitura buscaram acompanhar as famílias, os professores e os bibliotecários durante a campanha "Como te amo, fico em casa lendo". Nesses tempos em que nossas famílias, nossos amigos, nossos amores são globalizados, alguns mencionaram partilhas literárias à distância, como Jovita: "Tenho uma avó de 99 anos que toda tarde, por volta da mesma hora, durante o confinamento, nos telefona e nos recita uma poesia, ou inventa histórias para serem transmitidas a nossos netos, ou relatos divertidos de sua infância que ela guardou na memória".

No âmbito escolar, o compartilhamento virtual de leituras assumiu formas múltiplas, as quais não tenho competência para tratar. Sem dúvida, houve iniciativas maravilhosas para construir novas formas de estar junto e impedir que as desigualdades sociais se agravassem. Não apenas os mais pobres foram muitos mais expostos, muito mais duramente assolados pela doença em suas formas mais graves, não apenas eles perderam rendas vitais, mas, em geral, eles viveram com muita dificuldade o confinamento em razão da ausência de intimidade possível. Para alguns, e ainda mais para algumas, foi praticamente um inferno. Por todo lugar, observou-se um aumento das violências praticadas contra as mulheres e as crianças. Quanto às possibilidades de aprendizado virtual, elas diferiram radicalmente: alguns dispunham de um computador pessoal, de uma boa conexão, de um quarto só seu, de silêncio, de adultos em casa para ajudá-los; outros, nada disso.

Foi assim que a pandemia interrompeu a educação de centenas de milhares de crianças devido à falta de acesso à internet. "Nos países de renda média e baixa, o percentual de crianças incapazes de ler e compreender um texto simples na idade de dez anos passaria de 50% a 70% em razão do fechamento das salas de aula. Uma perda de conhecimento que corre o risco de produzir efeitos devastadores na produtividade e renda futuras dessa geração", observa o *Le Monde*.[258] E ainda:

> "Em janeiro de 2022, mais de 616 milhões de alunos permaneciam afetados pelo fechamento total ou parcial de escolas, de acordo com a Unicef, que também se preocupa com o abandono da escolaridade. Na África do Sul, quase meio milhão de alunos teriam abandonado a escola entre março de 2020 e julho de 2021. Na Libéria, quase metade dos alunos de escolas públicas não voltaram à escola na reabertura das salas de aula em dezembro de 2020."

Nesse aspecto, o desafio foi imenso, e já mencionei o quanto os professores dedicaram de seu tempo ao teletrabalho. Para muitos, essa experiência foi a ocasião de repensar suas práticas e, às vezes, de conhecer melhor seus alunos. Como escreveu Roberto Herrscher, "uma das coisas boas que nos deixará essa pandemia é o entendimento de que a distância pode nos aproximar de nossos alunos".[259]

Observemos que durante as conversas da Flacso, muitos professores mencionaram a preocupação de que o corpo fosse esquecido — uma dimensão muito presente na prática de ensino de muitos deles. E me lembrei das palavras de Anna, citada acima, dizendo que ela havia sentido a necessidade de "retornar ao corpo", e que se sentia "lançada de volta à uma corporalidade radical". Lembro-me de que, nos contextos críticos que eu havia estudado há anos, os mediadores culturais sempre conjugavam diversas artes, fazendo intervir o

---

[258] *Le Monde*, 10/5/2022.

[259] Roberto Herrscher, "Las enseñanzas de educar durante la pandemia", *New York Times*, 27/7/2020; disponível em <https://www.nytimes.com/es/2020/07/27/espanol/opinion/clases-universidad-coronavirus.html>.

corpo sensível (através do teatro ou da dança), a imagem (através das artes gráficas e da escrita audiovisual) e a linguagem verbal (através da leitura, da escrita e das discussões). Como se eles sentissem que era necessário agir simultaneamente em diversos níveis, por essas três vias complementares que nos são dadas para simbolizar uma experiência e, particularmente, uma experiência traumática, para transfigurar o medo, a dor e às vezes o horror em pensamento e beleza. Para reencontrar, entre o corpo e a linguagem, passagens que às vezes haviam se perdido.

PARTILHAS DISCRETAS OU SECRETAS

Fora da família e da escola, múltiplas formas de partilhas virtuais em torno de livros foram realizadas durante essa situação extraordinária. Tal como o clube de leitura transnacional, que também foi um espaço de escuta e de atenção aos outros, narrado por Carolina Pinela durante as conversas da Flacso:

"Nesses dias de confinamento, nós pensávamos que estávamos sozinhos e isolados em nossas casas, mas eu sou bibliotecária, então, desde março, junto com um colega espanhol, nós nos dedicamos a organizar um clube de leitura. Graças a esse clube, conseguimos escapar pela janela do WhatsApp e conhecer não apenas as histórias dos livros que líamos, mas também as das pessoas que encontrávamos no clube, histórias diferentes daquelas dos livros e que nos fizeram viajar por diversos países, pois o clube era formado por pessoas que viviam na Espanha, na Argentina, no México e na Colômbia, quatro países com seus pontos de convergência e suas diferenças. Nós nos enriquecemos aprendendo com nossas diferenças de língua, de gastronomia, de costumes. Ler junto é muito enriquecedor porque escutar o outro amplia nossa visão do que estamos lendo.

[...] Durante esse tempo compartilhado com as pessoas do clube, atravessamos muitas coisas, como um pico de pandemia na Espanha, e precisávamos constantemente acolher as pessoas que tinham perdido um ente querido ou que não tinham muita vontade de ler, mas que gostavam de conversar com pessoas que elas não conheciam. Então propusemos atividades de partilha cultural e tentamos algumas atividades de escrita. O clube se vê como um lugar de recreio, uma distração, uma pausa ou, como eles o definiram, um tempo sem tempo e um espaço sem lugar."

Partilhas discretas ou, às vezes, grupos secretos, como aqueles mencionados por Rafael Mondragón:[260]

"Tenho um grupo secreto com o qual me reúno toda segunda-feira para ler o *Decameron*. Os contos nos dão um espaço para conversar sobre o imprevisível. Em outro grupo secreto, comentamos o *Tristram Shandy*, de Laurence Sterne. Falamos sobre a importância do riso para enfrentar um tempo desprovido de certezas. Em outro grupo, no Twitter, lemos o livro *De A a X*, de John Berger: somos quarenta pessoas que não se conhecem e que trocam mensagens privadas, enviadas individualmente, compartilham anedotas, escaneiam fotos, fazem desenhos, 'perdem tempo'. Nós encenamos um encontro íntimo no meio do espaço público: mostramos como nos escutamos e permitimos que essa encenação

---

[260] "Encontrar a un semejante", art. cit. Ver também: "La pandemia y el derecho a la belleza", *Revista Común*, México, 12/5/2020; disponível em <https://www.revistacomun.com/blog/la-pandemia-y-el-derecho-a-la--belleza#_ftn1>.

tenha efeitos portadores de esperança para aqueles que nos observam."

Novamente, a escuta. Mondragón acrescenta que esses encontros secretos fazem mais do que "reconstruir o tecido social", como se costuma dizer. "São encontros que não são formatados e deixam muito espaço para que surja o imprevisível." Ele também escreve que seria fundamental recuperar a força política dos encontros experimentais nesses tempos de incertezas. Para isso, participa de outro projeto, iniciado no México por Daniel Goldin, Ramón Salaberria e alguns outros: *Jardín LAC* (*Lectura, Arte, Conversación*):

> "É um espaço de escuta, de conversa.
> É um espaço para ler (e escrever) o mundo.
> Ler e escrever com palavras, imagens e sons.
> É um lugar para ser, para voltar.
> Como acontece com os jardins, é muita coisa ao mesmo tempo.
> Passeie sem pressa.
> Habite.
> Cuide, é seu."[261]

"Passeie sem pressa", que belo convite.

Para concluir, tenho em mente um texto de Olga Tocarzuk, um dos mais belos que li a respeito da pandemia e do confinamento. Ela evoca o que vê pela janela, a amoreira branca ou jovens vizinhos que passeiam com seus velhos cães se esforçando para ir o mais lentamente possível, para se adaptar ao passo deles. Ela escreve:

---

[261] "Qué es *Jardín LAC* en línea?", 3/7/2020; disponível em <https://www.jardinlac.org/post/qu%C3%A9-es-el-jard%C3%ADn-lac>.

"Me vêm ao espírito, de forma insistente, imagens da minha infância, quando se tinha muito mais tempo e era permitido desperdiçá-lo olhando pela janela por horas, observando as formigas, permanecendo deitada embaixo da mesa imaginando que estava dentro da Arca. Ou lendo uma enciclopédia. E se estivéssemos voltando ao ritmo de uma vida normal?"[262]

Uma crise, uma catástrofe, pode também ser uma oportunidade. Se o confinamento foi muito desafiador para muitas pessoas, particularmente para as mais pobres, para os jovens e pessoas idosas isoladas, ele foi para outras a oportunidade de uma suspensão, de repensar suas vidas, de lê-las de outro modo. De esperar que, depois da pandemia, cessaria a correria enlouquecida e viria um ritmo mais propício a se sintonizar com o mundo ao nosso redor. Uma arte de viver com mais simplicidade. Tempos menos rudes, menos ávidos, menos injustos, mais ternos, em que seríamos mais atentos uns aos outros e ao que chamamos de "natureza".

Nada está dado. Não sabemos de que o amanhã será feito. Por toda parte, sentimos uma necessidade enorme de partilhas e de sentido. Vamos precisar de palavras, de imagens e narrativas. Após meses catastróficos, livrarias francesas conheceram uma alta espetacular das vendas de livros. Com o fim do confinamento, a vida do lado de fora se anima, muitos reencontram o caminho dos livros. E o que eles compram, ao que parece, são livros consistentes, clássicos literários, ensaios difíceis. Não é de surpreender: as diversas conversas compartilhadas nas redes nos deixaram ávidos. É sempre muito difícil falar sobre a experiência humana, produzir uma narrativa sobre o que nos acontece. É preciso tempo,

---

[262] "La fenêtre", *Le Temps*, 2/5/2020; disponível em <https://www.letemps.ch/culture/ecrivains-face-virus-fenetre-dolga-tokarczuk>.

devaneio, desvios, metáforas, trabalho. Em tudo o oposto do *fast talking* ou dessas *fake news* que não tomamos o tempo de verificar. Totalmente o oposto desses *feel-good books*, que parte da indústria editorial vai conceber para tentar nos consolar.

Após algumas semanas, eu reencontrei o caminho dos livros, com alegria, e o dos museus. O primeiro que visitei, situado num olival, é dedicado ao grande editor de arte Tériade. Anotei uma frase que Tériade havia escrito para Matisse em 1940, durante a guerra: "Agora que tudo é mais difícil, é o momento exato de fazer as coisas mais difíceis". "Eu sonho com um livro-flor", ele disse.

Sim, é de fato o momento de fazer as coisas mais difíceis e também mais simples: compartilhar livros-flores, bibliotecas-jardins, se encontrar para ler o mundo com mais intensidade, mais atenção aos detalhes, graças à arte, à ciência naquilo que ela tem de poética, e à literatura. Conversar, admirar. Escutar, questionar, rir, chorar também, pensar e ouvir o mundo.

Ler (ou não ler) em tempos de pandemia

Epílogo
OS LIVROS E AS FLORES

> "Os livros são um pouco como os jardins, sonhos bonitos que só servem para fazer com que nos sintamos, de vez em quando, menos sozinhos. Mas eles também estão apenas de passagem."[263]
>
> Marco Martella

"Comprar livros é como comprar flores. Aqui se gasta em coisas que duram, um investimento, uma ferramenta, uma casa ou em alimentação. Mas um livro, quando você o lê, ele acaba. É dinheiro que não serve de nada. Para não desperdiçá-lo, só nos resta exibi-lo, mas isso é apenas uma compensação, é secundário." Foi num vilarejo de Languedoc que uma mulher me disse isso, há cerca de trinta anos. Naquela época, eu estava começando a fazer pesquisas sobre a leitura e estava entrevistando pessoas em áreas rurais.[264] Ali, muitos liam o que era "útil", para aprender, para se capitalizar ou, pelo menos, fingiam fazer isso. Pois, na realidade, essas pessoas do campo tinham suas artimanhas, e a leitura que se pretendia "útil" muitas vezes acabava sendo um desvio lúdico na vida cotidiana. E havia também outro tipo de leitura, a da noite, em que a capacidade de sonhar se liberava. Longe de toda busca "útil", as páginas do livro eram um espaço, no limiar da vida, onde às vezes eram encontradas palavras que lhes permitiam expressar seus pensamentos mais secretos.

---

[263] *Fleurs*, Arles, Actes Sud, 2021, p. 49.

[264] Cf. Michèle Petit e Raymonde Ladefroux, *Lecteurs en campagnes*, Paris, BPI/Centre Georges Pompidou, 1993.

É verdade que um livro lido ou um buquê de flores *dura* muito pouco. Da mesma forma que uma exposição de pintura, uma história que nos foi contada, um passeio ao longo de um rio ou uma noite dançante. Tudo isso se desfaz. Na melhor das hipóteses, permanecem alguns rastros que às vezes carregamos conosco pelo resto de nossas vidas, essa "impregnação" que Jean-Paul Kauffmann se esforçava para encontrar, quando foi refém no Líbano, ao rememorar os livros que havia lido. Como se ali se encontrasse a própria essência da vida, da vida vivida intensamente, a vida expandida. Efêmera e imensa. A vida pensada, nesses instantes em que erguemos os olhos de um livro, tocados por um detalhe que reativa nossa capacidade de divagar, de fazer associações. Pois "a leitura não produz nada senão uma capacidade intensificada de sonhar e de pensar", como dizia Anne Dufourmantelle;[265] um livro "não é nem um investimento nem um instrumento".

Sim, um livro é como flores ou, se preferirmos, como um jardim. Aliás, na Catalunha, no dia de Sant Jordi — conhecido em outros lugares como São Jorge —, há o costume de oferecer, no mesmo gesto, livros e flores às pessoas amadas. Não são apenas as bibliotecas que podem ser comparadas a jardins, mas também esses objetos que estão em seu centro. Assim, Marco Martella descreve o jardim que a escritora Edith Wharton desenhou como "um pequeno mundo artificial, frágil e patético, certamente, mas vivo e acolhedor, como um belo livro".[266] Sem dúvida, é por isso que dou de presente livros aos meus amigos: não necessariamente para compartilhar algo que eu amo, mas para lhes dar um jardim onde eles poderão passear, mesmo que apenas uma vez, folheando e percorrendo algumas linhas. Depois, eles são li-

---

[265] *Chroniques*, Paris, Rivages, 2020, p. 44.

[266] *Fleurs, op. cit.*, p. 21.

vres para lê-lo, jogá-lo ao vento ou dá-lo de presente a quem quiserem.

Um livro é uma abertura para outros lugares, é uma outra dimensão, um exterior, esse exterior cujo preço nós pudemos avaliar durante o confinamento, quando ele se perdeu, se apagou. É esse exterior que torna o interior habitável, que nos faz sair do enclausuramento, como diziam os jovens que viviam em bairros chamados "sensíveis" [*quartiers sensibles*].[267] Com um livro, "o mundo entra por uma porta secreta" — para tomar emprestadas as palavras de Calderón de La Barca, em *O grande teatro do mundo*.[268]

Devemos repetir sem descanso: esse exterior que entra por uma porta secreta, esse espaço poético, em outras palavras, é vital, ainda mais em tempos difíceis. Yves Citon diz que "uma sociedade humana que não dá esse espaço protegido de desconexão e distanciamento, no qual se pode sonhar, imaginar outra coisa, outro mundo, é uma sociedade que nos esmaga".[269] Os livros são um dos grandes emblemas desse exterior, uma das grandes vias de acesso a esse espaço poético, protegido. E é quase sempre pela arte de um mediador que nos lançamos nessa aventura, desde a mais tenra idade. Um mediador que sabe brincar, inventar, sonhar, resistir à instrumentalização dos bens culturais que compartilha, que se recusa a reduzi-los unicamente ao campo da utilidade mensurável.

---

[267] Cf. *De la bibliothèque au droit de cité, op. cit.*

[268] ... ou de Olivier Rolin, que cita essa didascália em *Vider les lieux* (Paris, Gallimard, 2022, p. 72). Mas no texto da peça de Calderón, o mundo entra em cena por *diversa puerta*, por uma porta diferente (daquela pela qual outros personagens entraram). Talvez o próprio Rolin tenha pensado nessa bela tradução e se esqueceu dela? É assim a leitura.

[269] "Le capitalisme produit une crise de l'attention", entrevista publicada na revista *Les Inrockuptibles*, 25/9/2014.

Epílogo: Os livros e as flores

"Queremos transformar nossos filhos em cavalos de corrida. É preciso ser eficiente, eficiente, eficiente... Mas o que acontece quando isso não dá certo? O que propomos na sequência?", pergunta uma mulher, Émilie, citada num artigo dedicado ao mal-estar dos alunos que "estão sujeitos mais do que antes à ansiedade, às crises de choro, mesmo à depressão ou à fobia escolar".[270] Assim como os jovens adultos.[271]

Podemos compartilhar com eles outras aventuras, outras experiências, como fazem aquelas e aqueles que trabalham em contextos críticos que citei neste livro. Ou como a mãe de Catherine Meurisse, que furtava botões de rosas e assim deixava as crianças sentirem os perfumes que Proust ou Montaigne haviam respirado. Era uma forma de dizer a elas: o que esses escritores ou esses artistas criaram também é de vocês, vocês têm o direito de se valer de tudo isso para construir o próprio jardim, diferente de qualquer outro.

Meus agradecimentos aos mediadores culturais que ajudam nossas crianças, adolescentes e adultos a se apropriarem de poemas, histórias, fragmentos de textos, canções e imagens com os quais poderão compor o seu próprio jardim. Jardins de que tanto precisamos hoje, após esses anos em que nossas possibilidades ficaram como que adormecidas. Após esse longo sono sem sonhos.

---

[270] *Le Monde*, 10/5/2022.

[271] "Les professionnels de santé dépassés par la vague de détresse psychologique qui touche les jeunes adultes", *Le Monde*, 14/6/2022: "Tudo mudou. Estamos lidando com jovens *politraumatizados*, que estão se construindo em um momento de atentados, de covid, de guerra na Europa, e que estão enfrentando uma crise climática".

SOBRE OS TEXTOS

Os textos aqui reunidos foram inicialmente escritos, em diferentes versões, para conferências que fui convidada a ministrar. Agradeço imensamente àquelas e àqueles que confiaram em mim e me convidaram para participar dos eventos que estavam organizando. Suas perguntas muitas vezes reativaram minhas reflexões e me permitiram aprofundá-las.

"O inferno, a arte, os livros e a beleza" foi escrito para a Conferência de Encerramento do II Congreso Internacional Infancia y Cultura, em Posadas, na Argentina, em 13/6/2018.

"As palavras habitáveis (e as que não o são)" foi lido pela primeira vez na Feira Internacional de Buenos Aires durante o Encontro Internacional Qué Leemos? Cómo Hablamos?, em 24/4/2015, e depois na Bibliothèque Nationale de France para o colóquio organizado por *Les Incorruptibles* em 19/10/2015. Ele foi parcialmente retomado em apresentações subsequentes, sobretudo na Universidade Autônoma de Barcelona, durante o simpósio La Littérature qui Accueille, GRETEL, 1/10/2016; na Maison de l'Amérique Latine, como parte do Ano França-Colômbia; no Colloque Bilinguisme et Diversité Culturelle, organizado pela ACCES, em 19/10/2017; e na palestra de abertura do XX Rencontres des Chercheurs en Didactique de la Littérature, em Rennes, 12/6/2019.

"As paisagens de que somos feitos" foi escrito para a palestra de abertura do XII Encontro Nacional de Mediadores de Leitura em Medellín, Colômbia, 25/10/2018.

"Ver imagens na leitura?" foi publicado no Espaço de Estudos do museu virtual Le Muz (Musée des Oeuvres des Enfants), em dezembro de 2016.

"Somos feitos da mesma matéria que os sonhos" foi lido na Fête du Livre Jeunesse em Villeurbanne, em 5/4/2019, e depois reimpresso na Espanha em um seminário de formação contínua em La Puebla de Alfindén e Cabanillas del Campo.

"A biblioteca como jardim" foi lido na Feira Internacional do Livro de Buenos Aires em 21/4/2015, durante o 47º Encontro Nacional de Bibliotecários, depois parcialmente relido na Biblioteca Vasconcelos na Cidade do México em 8/11/2016 e na Biblioteca de Belas-Artes da Universidad Complutense, de Madri, em 6/2/2020.

"Ler (ou não ler) em tempos de pandemia" foi escrito para a conferência inaugural do Foro Internacional por el Fomento del Libro y la Lectura, na cidade de Resistencia, na Argentina, em 19/8/2020.

SOBRE A AUTORA

Michèle Petit é antropóloga, pesquisadora do Laboratório de Dinâmicas Sociais e Recomposição dos Espaços, do Centre National de la Recherche Scientifique, na França, no qual ingressou em 1972. Inicialmente trabalhou ao lado de geógrafos em projetos que diziam respeito a países em desenvolvimento; mais tarde sua formação intelectual, que inclui o estudo das línguas orientais vivas e o doutoramento em Letras e Ciências Humanas, foi profundamente marcada pelo encontro com a psicanálise.

A partir de 1992, o interesse crescente pela dimensão simbólica orienta suas pesquisas para a análise da relação entre sujeito e livro, privilegiando a experiência singular do leitor. Coordena, então, um estudo sobre a leitura na zona rural francesa e, logo depois, uma pesquisa sobre o papel das bibliotecas públicas na luta contra os processos de exclusão e segregação, tendo por base entrevistas com jovens de bairros marginalizados.

Nos anos seguintes, aprofunda suas reflexões sobre a contribuição da leitura na construção e reconstrução do sujeito, e desenvolve um estudo sobre as diversas resistências que a difusão da leitura desencadeia. Desde 2004 coordena um programa internacional sobre "a leitura em espaços de crise", compreendendo tanto situações de guerra ou migrações forçadas como contextos de rápida deterioração econômica e grande violência social.

Com obras traduzidas em vários países da Europa e da América Latina, Michèle Petit é autora dos livros *Nuevos acercamientos a los jóvenes y la lectura* e *Del espacio íntimo al espacio público* (ambos publicados em espanhol, no México, em 1999 e 2001, respectivamente); *Éloge de la lecture: la construction de soi* (2002), *Une enfance au pays des livres* (2007) e *Lire le monde* (2014), entre outros. No Brasil, a Editora 34 publicou *Os jovens e a leitura* (2008, selo "Altamente Recomendável" da FNLIJ), *A arte de ler* (2009), *Leituras: do espaço íntimo ao espaço público* (2013) e *Ler o mundo* (2019).

Este livro foi composto em Sabon pela Franciosi & Malta, com CTP e impressão da Edições Loyola em papel Pólen Natural 80 g/m² da Cia. Suzano de Papel e Celulose para a Editora 34, em agosto de 2024.